儲けの法則と相場の本質

ファイナンス理論全史

田渕直也［著］

ダイヤモンド社

はじめに

人類の長い歴史の中で、科学の始まりは古代ギリシャ時代であったとされる。その栄誉を個人に帰するとすれば、ギリシャ自然哲学の祖であるミレトスの賢人タレスがその人だろう。

タレスはあるとき、「あなたは何でも知っていて、いろんなことを研究しているのに、なぜ裕福ではないのですか？ それを使って裕福になれないのなら、知識や学問は、実際に生きていくうえで、いったい何の役に立つのですか？」と問われる。タレスはその問いには答えなかった。代わりに自分のもてる力を注いでその年のオリーブの豊作を予測すると、オリーブの搾油機を使用する権利をわずかな手付金で数多く取得した。実際にオリーブが豊作になると、オリーブ農家は高い使用料を払ってでも搾油機を借りにくる。こうしてタレスは、生涯ただ一度だけの大儲けをしたのであった。[1]

タレスにとっては、真理の探究こそが本来の関心事であっただろう。だが、その実際的な意義を問われたことに対して、知識と科学的な思考力が、その気になれば多くのことを可能にするのだと示したかったに違いない。

ちなみに、そのタレスがついにたどり着いた「万物の根源は水である」という定理は、現代では間違っていることが明らかとなっている。しかし、だからといって、人類の知の歴史におけるタレスの重要性はいささかも揺るがない。神などの超自然的要因や単なる経験論によらずに、思考と実験によって真理に近づこうとした試みそのものが、科学への道を切り開いたからだ。

それよりもはるか後年、20世紀に入り、金融市場をめぐる理論的究明の物語が始まる。言うまでもなく金融市場には、とてつもない規模のマネーが流れ込む。そこでは巨万の富が生まれ、あるいは失われてきた。金融市場は人々の欲望を駆り立て、知的好奇心を向かわせる場所なのだ。だからこそ、本書に登場するような人々が、英知を傾けてその構造や価格変動のメカニズムを解き明かそうと苦闘してきたのである。そうして、現代ファイナンス理論は発展してきた。

だが、そこに注ぎ込まれてきた知力と労力にもかかわらず、現代ファイナンス理論には常に激しい毀誉褒貶が付きまとう。理論家は理論を盾に投資家を自信過剰なサルにたとえ、投資家は理論を机上の空論と切り捨てる。人によって評価は正反対だ。理論が生み出した技術革新が思わぬ厄災をもたらすという指摘もある。

また、その評価は時代とともに大きな浮き沈みを経験してきた。２００８年のリーマン・ショック以前の一時期には、理論が幅広く浸透し、絶対的な影響力をもっているように見えた。だが、リーマン・ショック後の現在では、現代ファイナンス理論にとってとりわけ厳しい冬の時代が訪れている。

本書では、このように毀誉褒貶にまみれる現代ファイナンス理論のエッセンスを概観し、それらがどのようにして生み出され、それに対してどのような反論がなされてきたのか、そしてその相克の歴史から何を学ぶことができるのかを解き明かしていく。

本書における一つ目の大きな問いは、結局のところ現代ファイナンス理論は正しいのか、それとも間違っているのか、ということである。結論を先取りするようではあるが、金融市場のような複雑な社会現象を完全に解明することは、残念ながら不可能なのではないかと思う。できることと言えば、対象を単純化し、その動きの大半を説明できる不完全な理論をいくつも見出してきて、それらを組み合わせていくことだけだろう。そこが物理学などの自然科学と違うところである。つまり、金融市場をめぐるどんな理論にも常に例外が伴い、完全に正しい理論など存在しえない。しかし、正しくないからまったくのお門違いなのかというと、それもまた違うはずだ。

そして恐らく、正しいかどうかよりももっと大切な問いは、現代ファイナンス理論が投資家にとって役に立つものなのかどうか、であろう。そして、その答えは間違いなく「イエス」である。

このイエスという答えには、二つの側面がある。一つ目は、実際に理論がさまざまな技術を生み、投資家にとって欠くべからざる教訓を与えてくれること。これは、理論が直接的に役に立つ一面だ。もう一つは、現代ファイナンス理論に対して批判的に、しかし真摯に対峙することによって、優れた投資手法が生まれてきたという間接的な効果である。

現代ファイナンス理論の矛盾を突くことで、信じられないような成功を収めてきたウォーレン・バフェットや、第6章で詳述するジェームズ・シモンズなどの伝説的投資家の存在は、理論の間違いを示す決定的な証拠と見なされる。だが、彼らとて理論を無視したのではない。それを乗り越えようとしてきたのだ。彼らの成功は、その努力があったからこそ生まれた。つまりは、理論を金科玉条のごとく捉えるだけでも、役に立たない机上の空論と切り捨てるだけでも、ともに何も生み出せないのである。

これらの理論を、象牙の塔で純粋培養によって生み出されたものと捉えることも間違いである。これから見ていくように、それは、金融市場に取り憑かれ革命を起こそうとした天才たち、相場の不確実性に立ち向かった投資家たち、理論と実践のはざまで苦しむ実務家たちの生々しいせめぎ合いの中から生まれてきたものなのだ。

多くの人にとって、現代ファイナンス理論は高度な数学を駆使した小難しいものとして敬遠されがちな分野である。だが、理論の本質を知るのに複雑な数式を理解する必要はない。そのエッセンスを学ぶことは誰にでもできるはずだ。むしろ、細かい技術論に走らずに、その意味するところを本質的に理解するほうが、本当に役立つ教訓を得やすいとも言える。

本書ではそうした観点から、ファイナンス理論の細部をあげつらうのではなく、そのエッセンスから何を学べるのかに焦点を当て、以下の順で話を進めていく。各章のテーマごとに話を進めていくので時系列的に前後する部分もあるが、その点についてはviiページの年表を随時参照してほしい。まず、第1章から第3章までは、現代ファイナンス理論の骨格とも言えるランダムウォーク理論を中心に、効率的市場仮説やデリバティブ価格理論、モダンポートフォリオ理論、リスクの計量化などの成立過程やその意味するところを見ていく。第4章と第5章は、現代ファイナンス理論に突き付けられた未解決の課題、あるいは無視できない強力な反論の代表として、〝ブラックスワン〟（またはファットテール)〟と呼ばれるものと、人間心理の非合理性を解き明かす行動ファイナンスのあらましを見る。

第6章は、現代ファイナンス理論とそれに対する反論の相克から生まれた一つの到達点として、代表的なヘッジファンドの投資手法、とりわけ統計的手法に基づく確率論的投資手法について見ていく。人工知能の活用と相まって、投資の世界にまさに革命を起こそうとしているものだ。いや、すでにその革命は現実のものになっていると言ってよいだろう。では、それは本当に万能なのか。確実に相場に勝てる方法、いわゆる〝聖杯〟は本当にあるのか。

現代ファイナンス理論の歴史とエッセンスを巡ることは、今なお全容が解明されていない巨大なミステリーへの知的冒険の旅ともなるに違いない。

【脚注】

1…アリストテレスが伝えるこのエピソードは、少々こじつけ気味に「最初のオプション取引(デリバティブ取引の一種)」などといわれることがある。もっとも、オプションを含む高度な金融取引は、さらにさかのぼってメソポタミア文明に起源があるともいわれている。

ファイナンス理論年表

1900	パリ大学の大学院生ルイ・バシュリエが「投機の理論」で、ランダムウォーク理論を提唱。
1952	シカゴ大学の大学院生ハリー・マーコウィッツが「ポートフォリオ選択」を発表。現代ファイナンス理論の扉が開く。
1960's	ウィリアム・シャープらによってCAPM(資本資産評価モデル)が成立。 ユージン・ファーマ、ポール・サミュエルソン、ポール・クートナーらによって「効率的市場仮説」が提唱される。 ブノア・マンデルブロはランダムウォーク理論の立場に立ちながらも、ファットテールの存在を主張。
1973	ブラック=ショールズ・モデル発表。デリバティブ時代が幕を開ける。 バートン・マルキール『ウォール街のランダム・ウォーカー』初版。まもなくインデックスファンド革命が始まる。
1987	10月19日、ブラックマンデーが起きる。 この前後からアルゴリズム・トレードが広がる。
1988	ヘッジファンド運用会社ルネサンス、旗艦ファンドとなるメダリオンの運用開始。
1992	JPモルガンが「リスクメトリクス」を公表。VaRがリスク管理標準ツールとして普及。 「ヘッジファンドの帝王」ジョージ・ソロスがイングランド銀行相手にポンド売りで成功。
1997	マイロン・ショールズとロバート・マートンがノーベル経済学賞を受賞。
1998	ショールズとマートンが参画していたヘッジファンドLTCMが実質破綻。
2002	プロスペクト理論を提唱したダニエル・カーネマン、ノーベル経済学賞を受賞。
2003	VaRショックにより日本の長期金利が急上昇。
2006	アラン・グリーンスパンFRB議長退任(グレート・モデレーションの終了)。 バーゼルⅡ適用開始(日本の金融機関は2007年3月から)。
2007	ナシーム・ニコラス・タレブ『ブラック・スワン』出版。 サブプライムローン・バブルが崩壊。 ジョン・ポールソン、史上最大のボロ儲け。
2008	リーマン・ショック発生。 米国株取引でHFTのシェアが5割を超える。また、この前後から新世代AIの本格利用が始まる。
2013	ユージン・ファーマ、ロバート・シラーがノーベル経済学賞を同時受賞。

ファイナンス理論全史　目次

第4章 現実に舞い降りたブラックスワンの爪痕

第5章 行動ファイナンスがもたらした光明

第6章 統計的手法と人工知能が別次元に導く未来

第1章 ランダムウォーク理論の誕生と激しい反発

無名の研究家、バシュリエによるランダムウォーク理論の発見

金融取引の歴史は思いのほか古い。メソポタミアや古代ギリシャ、あるいは古代ローマで、かなり高度な金融取引が行われていたという記録が残っている。近代的な金融市場に限っても、最初の株式市場とされるアムステルダム証券取引所が開設されたのが1602年のことだ。

それに比べると、金融市場の値動きを科学的に解明する理論が登場するのは、はるか後年のこととなる。人々は長い間、理論なしで相場の荒波に漕ぎ出していたのだ。理論がなくても、勘と度胸と幸運によって大成功を収める者もいれば、その逆に破滅に向かう者もいる。もっとも、理論が現実の後追いをするものであることは、何も金融に限った話ではないだろう。

さて、科学的な金融理論、すなわち現代ファイナンス理論と呼ばれるものが成立したのは、1950年代以降のこととされている（viiページ年表を参照）。ファイナンス理論といっても人によってどこまでの範囲を含めるのかさまざまな考えがあるだろうが、本書ではとくに市場における価格変動のメカニズムや、投資・リスク管理などに関連する金融工学的な分野を主に取り上げていく。金融工学というのは、高度な数学を使った体系的、科学的な金融理論のことである。そうした意味での現代ファイナンス理論の最初の金字塔とされるのは、第2章で取り上げるハリー・マーコウィッツの「ポートフォリオ選択」に関する1952年の論文であろう。

だが、実はその半世紀以上も前に、現代ファイナンス理論の扉を一度開きかけた人物がいたのだ。当時はまったくの無名で、再評価が進んだ現在でもいわば「知る人ぞ知る」という程度の知名度にとどまっている彼の名は、ルイ・バシュリエ。ナポレオン3世時代の1870年生まれのフランス人である。

　バシュリエは、子供のころからとても優秀だったが、その人生は必ずしも順調とは言えなかった。早くに両親を亡くし、兄弟を養うためにかなり苦労したらしい。さらに兵役にとられたりして、好きな数学の勉強や研究に打ち込むことがなかなかできず、名門グランゼコール[1]への進学の機会も逸してしまった。すでに20代になってようやくパリ大学で数学を学ぶ機会を得るのだが、学費と生活費を稼ぐために同時にパリ証券取引所で働き始めなければならなかった。そこで、時々刻々と価格が乱高下する金融市場の喧騒に圧倒されると同時に、相場の荒々しい動きを理解するのに自分の好きな確率論が使えるのではないかと思いついたのだった。

　そして1900年、彼は「投機の理論」というタイトルで博士論文をまとめた。指導教官は、高名な数学者のアンリ・ポワンカレだった。ポワンカレはバシュリエの論考そのものには高い評価を与えつつも、その論考の対象テーマについては戸惑いを禁じえなかった。当時、金融市場はカジノのような賭博場と考えられており、数学を用いた学問的探究

ルイ・バシュリエ
(Louis Bachelier／1870～1946)

の場にふさわしいものとは見られなかったのである。

バシュリエはその後、学者としてやや恵まれないキャリアを経たのち、ようやくパリ大学に教授として迎えられる機会が巡ってきた。ところが、その直後に第一次世界大戦が始まり、バシュリエは再び兵役にとられて出征を余儀なくされてしまう。戦後、学界に戻った彼に、さらなる不幸が襲いかかる。バシュリエのある論文の査読を委託されたポール・レビィという高名な数学者が、論文には誤りがあると指摘したのだ。こうして、バシュリエは一級の研究者となる道を事実上断たれることになる。

後年になり、レビィは自分の指摘のほうが間違っていたことに気づき、バシュリエに謝罪の手紙を送った。バシュリエもそれを受け入れたのだが、すべては後の祭りだった。

現在では、この不遇の数学者、バシュリエの1900年の論文こそが、高度な数学を駆使した最初のファイナンス理論として認められている。[2] また、いずれもあとで取り上げるが、後年の効率的市場仮説や確率計算を使ったオプションの価格計算理論など、現代ファイナンス理論の主要なテーマに通じる考え方が、すでにこの論文に明確に示されている。

バシュリエの業績は、発表から半世紀以上も経ってから徐々に再評価されることになる。発表から55年後に米国の偉大な経済学者ポール・サミュエルソンがたまたま目にしたこの論文に驚愕したという話も伝わっている。バシュリエは世に出るのが50年早かったのだ。

それでは、彼の理論とは具体的にどのようなものだったのか。一言で簡単に言ってしまうと、その論旨は「金融市場の価格はまったくでたらめな動きが連なって形成されている」ということになる。

なぜそんなことになるのか。大勢の参加者が自由に取引する市場では、大勢の買い手と売り手が釣り合うところで価格が形成される。要するに、それ以上に価格が上がると考える人と、それ以下に価格が下がると考える人がちょうど釣り合う地点だ。だとすれば、実際にそこから価格が上がるか下がるかの確率は五分五分と考えるべきであろう。その結果、市場価格の変動は、まるでサイコロを振って上がるか下がるかを決めるようなランダムな動きになる。

これは、のちに**ランダムウォーク理論**と呼ばれるようになる考え方である。そして、バシュリエの見るところ、実際の市場価格の変動パターンは、まさにこうした考え方を十分に裏づけているようであった。

それでは、市場価格の変動はでたらめ運動だとする彼の考えは、いったいどこが画期的なのか。それで価格の先行きが読めるようになるのだろうか。

後者の問いに対する答えは、残念ながらノーである。

でたらめ運動は、でたらめであるがゆえに予測できない。でたらめ運動を表す英語の「random（ランダム）」という言葉にも、決して予測はできないというニュアンスが含まれている。なぜ予測できないのかというと、そこには既知の原因がないからだ。予測とは結局、原因らしきものを見つけてきて、それが引き起こすであろう結果を推測することに他ならない。原因がなく、偶然の作用によってただ結果だけが生じるように見えるランダムな現象は、予測のしようがないのである。

つまりバシュリエの理論は、「株価の先行きは予測できない」と宣言しているようなものだと言える。ある意味でがっかりするような主張だが、数学の不思議さは話をそれだけにとどめない。予測が不可能なまったくのでたらめ運動を寄せ集めると、そこに一種の計算可能性が生まれてくるのだ。それは、でたらめ運動の結果を、確率的になら捉えられるということである。具体的には、株価が将来いくらになるかを断定的に予測することは不可能だが、「ｘｘ円以上になる確率は○％」という具合に確率を計算することはできる。この発想の転換が、ファイナンス理論への道を切り開いたのだった。

ブラウン運動とアインシュタイン

ここで、**ブラウン運動**と呼ばれるものに触れておく必要があるだろう。中学時代に習ったブラウン運動の内容を覚えている人からすれば、金融の話でなぜブラウン運動が出てくるのか訝《いぶか》しく思うかもしれない。

ところが、小難しげな数式がいっぱいに並んだ金融工学の専門書を紐解けば、ブラウン運動とか**ウィーナー過程**という用語が頻出することにすぐ気がつくだろう。ウィーナー過程というのはブラウン運動を数学的にモデル化するのに貢献した数学者ノーバート・ウィーナーにちなんで付けられた名前で、ブラウン運動の別名と思ってもらえばよい。いずれにしろブラウン運動はファイナンス理論になくてはならない存在なのである。そこで、少し金融を離れてブラウン運動をめぐる歴史を振り返ってみよう。

ブラウン運動は、1827年、スコットランドの植物学者であるロバート・ブラウンによって発見された現象である。

ブラウンが花粉の性質を調べるために水に浸けてみると、水の浸透圧によって花粉が砕けて、小さな微粒子が水に溶け込んできた。その様子を顕微鏡で観察すると、その花

図1　ブラウン運動

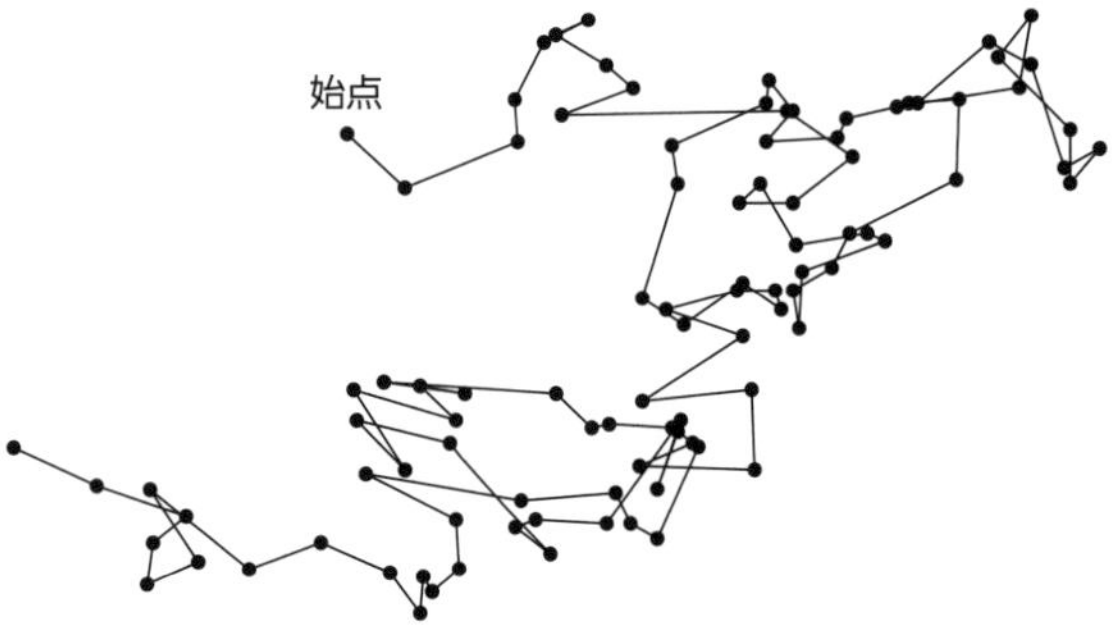

点は花粉微粒子のある時点での位置、線はその軌跡を示す。

粉微粒子は何とも奇妙なでたらめな動きをすることが分かったのだ。ブラウン運動は、現在ではPCとエクセルさえあれば簡単にシミュレーションできる。**図1**がそのシミュレーション結果の一例である。こんな感じのものがブラウン運動なのだ。だが、発見当時、この動きがどのようにして起きるのかはまったく分かっておらず、長いこと「原因不明の謎の動き」とされてきた。

このブラウン運動のメカニズムが解明されるのは、1905年のことである。そして、それはすでに株式相場の中にバシュリエが見出していたでたらめ運動とまったく同じ性質をもつものであったのだ。

ちなみに、1905年は物理学史上における〝奇跡の年〟である。その奇跡を演出したのは、学者ですらない無名の若者だった。当時、ベルンにあるスイス特許庁の事務所に勤めていた下級技術職の公務員だったこの人物は、この奇跡の年に、自身が16年後にノーベル物理学賞を受賞する際の主な理由ともなった「光量子仮説」に関する論文や、物理学の常識を覆すことになる「(特殊)相対性理論」に関する論文を相次いで発表したのだ。そう、彼こそ、天才物理学者の名をほしいままにしたアルベルト・アインシュタインだった。そして、1905年にブラウン運動のメカニズムを解明し、その運動を確率論的に捉えられることを示す論文を発表したのも、アインシュタインだったのである。

そのため、アインシュタインはランダムウォーク理論の生みの親とも見なされる。その5年も前にランダムウォーク理論の骨格を提示していたバシュリエには気の毒な話だが、それだけバシュリエの理論は先駆的なものだった、とも言えるのではないか。

ここで、アインシュタインが描いたブラウン運動のメカニズムを簡単に見ておこう。そ

アルベルト・アインシュタイン
(Albert Einstein／1879〜1955)

れは次のようなものだ。

ブラウンが観察した花粉微粒子の周りには顕微鏡でも見えない小さな水分子がびっしり並んでいる。その水分子は熱運動といわれるものによって絶えず動き回っている。それが花粉微粒子に、あらゆる方向からぶつかることになる。あらゆる方向からやってくる水分子の衝突のエネルギーは、異なる方向からくるエネルギーが相殺しあって、平均してみればゼロとなる。だが、瞬間瞬間で見るとすべてが完全に相殺されるとは限らずに、どうしても平均からのずれ（揺らぎ）が生じるのである。それが予測不可能なランダムな動きを花粉微粒子にもたらす。

今ではブラウン運動の説明として、このメカニズムは広く知れ渡っている。しかし、ブラウンがこの現象を発見した当時はもちろん、アインシュタインが論文を発表した当時でも、分子や原子が存在することはまだ確認されていない。実のところ、アインシュタインのこの論文こそが、目に見えない分子（や原子）が存在することの理論的証拠の一つと見なされることになるのである。

これを金融市場に置き換えれば、価格を変動させる無数の力が目に見えぬ水分子に相当する。花粉微粒子に相当する市場価格は、力が何も加わらなければ動かない。買い手と売り手が、そこで釣り合っているからだ。だが、無数の新しい力（水分子）が加わることで、ランダムな変動が生まれ、それが相場を形作っていく。そう考えれば、アインシュタインがブラウン運動の数学的な性質と捉えたものは、そのまま金融市場の価格変動に当てはめることができる。こうして、ブラウン運動はファイナンス理論に欠かせないメカニズムとなるのである。

ランダムウォーク理論が意味すること

さて、話を戻そう。バシュリエの考えでは、相場はでたらめ運動が連なったものであり、その先行きは予測できないが、確率は計算できるということだった。

そのことを直感的に理解するために、株価を例にとって少し単純化して考えてみよう。ある企業の株価が現在、1株1000円で取引されているとする。それが1日後には、10円だけ値上がりして1010円になるか、10円だけ値下がりして990円になるか、必ずどちらかの状態になるとしよう。どちらの状態になるかは五分五分だ。そして、1010円に値上がりした場合には、さらにその翌日に50％の確率で1020円に値上がりするか、同じく50％の確率で1000円に値下がりするかどちらかになる。初日の分岐で990円に値下がりした場合も同様に考える（**図2**）。ちなみに、ここでは1日の

図２　単純なランダムウォークモデル

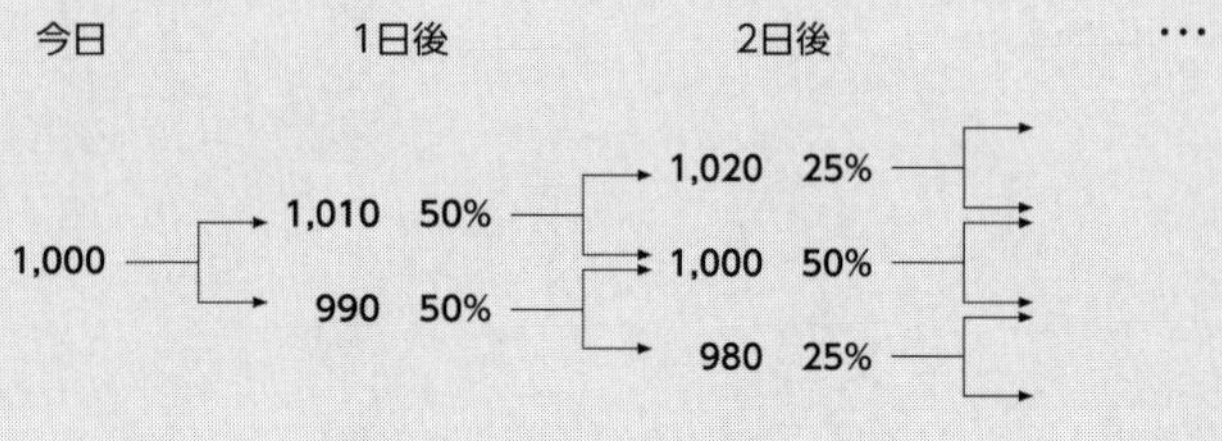

値動きが上下に10円ずつとしているが、これはその銘柄の１日当たりの平均的な値動きの幅である。もしもっと値動きの激しい銘柄であれば、もっと幅の大きな分岐を想定する必要がある。

現実の株価の変動はもっと複雑な動きをしているので、ちょっと単純化しすぎと感じられるかもしれないが、二項分布といわれるこの単純な分岐をできるだけ細かく繰り返していくと、バシュリエやアインシュタインが示したランダムウォークを再現できることが分かっている。それゆえに、複雑な金融商品の価格を計算する際などにも、この二項分布型のモデルが実際に使われることがある。図２のような分岐図を英語ではツリーと呼ぶので、そうした計算方法はツリーモデルと呼ばれている。

さて、この単純化されたモデルでは、10日後の株価の状態は、分岐を10回繰り返した**図3**のような形で表される。１１００円にまで価格が上昇しているケースは、10

図３　10日後の株価の確率分布

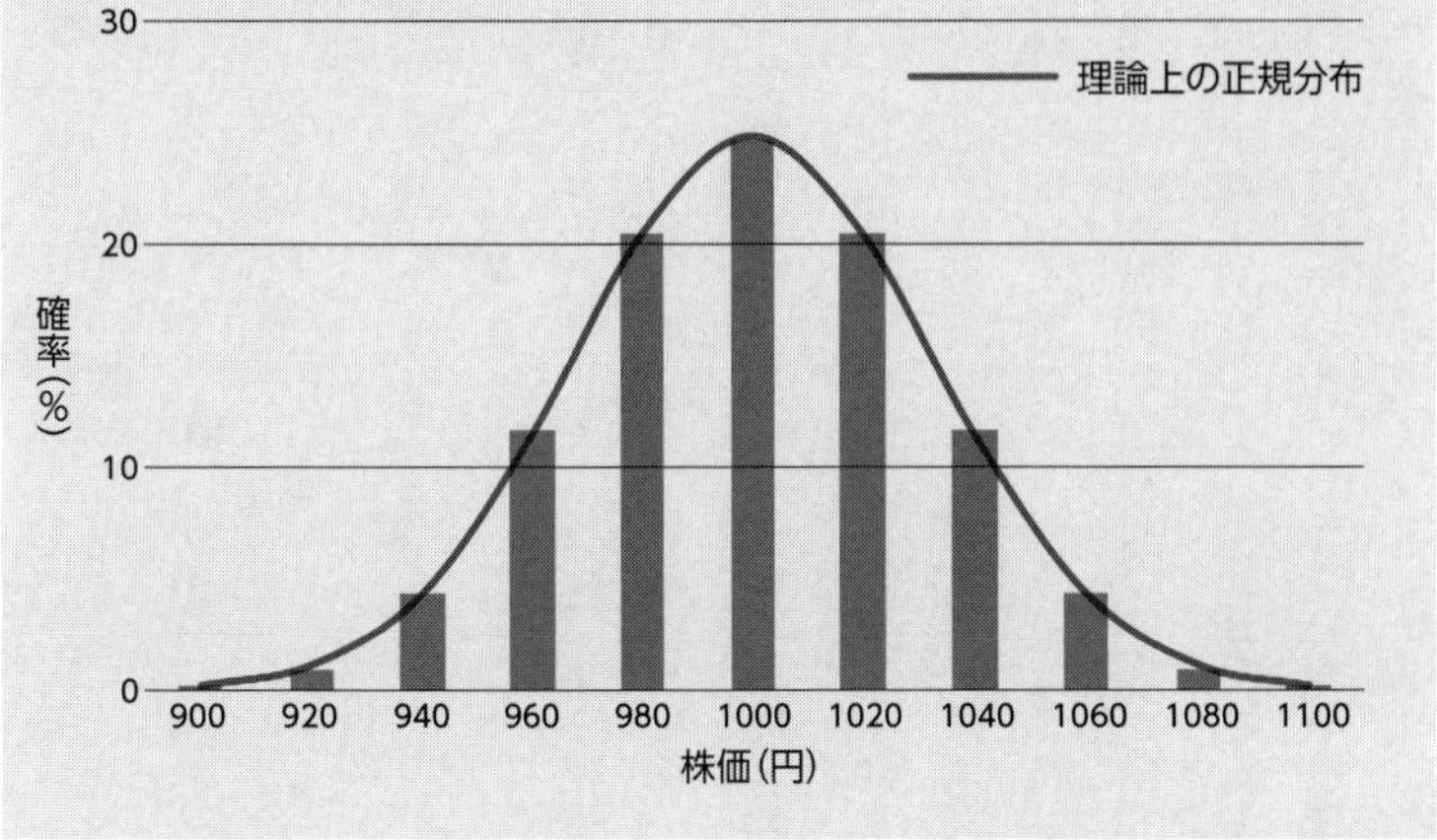

日連続で値上がりを繰り返した場合にしか発生しないので、１日当たりの上昇確率50%を10乗した０・０９８％がその発生確率となる。９００円にまで一直線に値下がりする確率も同様に０・０９８％だ。１０８０円になるケースは、株価上昇9回と株価下落１回が組み合わさった場合に実現するが、その組み合わせのパターンは、株価上昇を○、下落を●で表すと、次のような10パターンがありうる。

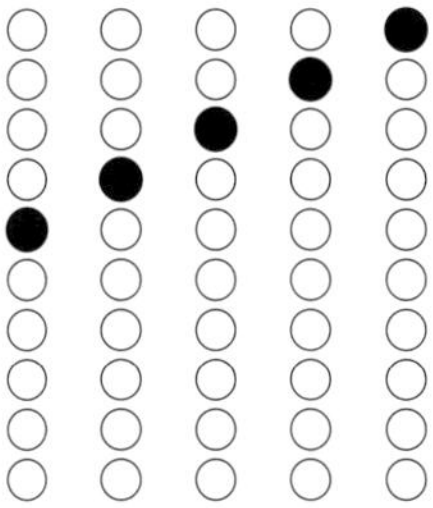

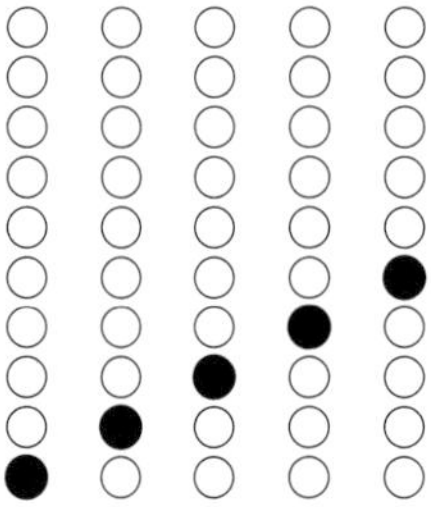

１回当たりの株価上昇も株価下落も確率は50％なので、どのパターンの発生確率もやはり50％を10乗した０・０９８％となり、その10パターン分ということで１０８０円の株価が実現する確率は、０・０９８％×10＝０・９８％だと分かる。

こうした計算をしていくと、ｘｘ円になる確率は何％と割り出せるようになるわけだ。そして分岐の数をどんどん細かく増やしていくと、確率を示すグラフは次第に滑らかな釣り鐘型の曲線に近づいていく。ここに示したのはわずか10回の分岐だが、真ん中あたりが高く、両裾が低い左右対称の形がすでに十分に確認できる。

この釣り鐘型の確率分布が**正規分布**と呼ばれるものだ。この正規分布は自然現象などでも頻繁に登場するといわれている不思議な確率分布で、たとえば、人間の身長の分布や学力テストの点数の分布はおおむねこの正規分布となる。正規分布は、その釣り鐘型の形状からベルカーブと呼ばれたり、偉大な数学者であるカール・フリードリッヒ・ガウスにちなんでガウス分布と呼ばれることもある。

いずれにしても、重要な点は、ランダムウォークと正規分布は密接につながっているということである。予測を許さないランダムウォークは、正規分布によって表すことできるのだ。そして正規分布の背景には、何らかのランダム性が必ず潜んでいる。

この正規分布は、数学的に非常に扱いやすく、確率計算が容易にできるという大きな特徴がある。ただし、実際に確率を計算するためには、釣り鐘型分布曲線の真ん中の値と、分布がそこから横方向へどのくらい広がっているかを特定する必要がある。

ここで、分布の真ん中の値が「平均」であり、横方向への広がり具合を示すのが「標準偏差」と呼ばれる値である。まず平均は、上がるも下がるも五分五分なら今現在の価格がそのまま平均となるはずだ[3]。次に標準偏差の大きさは、その資産の価格変動の大きさによって決まる。価格変動の大きさは**ボラティリティ**と呼ばれており、それが分かれば標準偏差も求めることができる。

このように平均と標準偏差の二つさえ特定できれば、あとは確率計算が簡単にできる。こうして将来の株価は、「確実にｘｘ円になる」という具合に断定することはできないけれども、ｘｘ円になる確率は○％という具合に確率を計算できるようになるのである。

もっとも、だから何なのだろう。知りたいのは確率ではなく、株価が上がるか下がるかではないか。そもそも50％の確率で値上がりし、50％の確率で値下がりするだなんて、何も言っていないのに等しいのではないか。本当にランダムウォーク理論は何かの役に立つものなのだろうか。ランダムウォーク理論に初めて接した人ならば、恐らく誰もがそう感じるに違いない。だが、ランダムウォーク理論には、役に立たない無味乾燥とした理論という以上のものがある。それどころか、その意味するところは大きな論争を巻き起こさずにはいられないものだったのである。

「予測できない」への激しい反発

もう一度まとめると、ランダムウォーク理論のポイントは二つだ。一つ目は「将来の価格変動は断定的に予測できない」ということ。上がるか下がるかという単純な予測ですら、五分五分なのだ。二つ目は「確率なら計算できる」ということ。後者については、この章の後半で取り上げるオプションと呼ばれる金融商品の価格や、第3章で取り上げるリスクの計算を可能にするとても重要なポイントだが、その前にまずは一つ目について見ておこう。

実のところ、このポイントのせいで、ランダムウォーク理論は投資家や金融業界から非常に激しい反発を招くことになるのである。ある意味で、現代ファイナンス理論の歴史とは、〝ランダムウォーク理論とそれに対する反論との相克の歴史〟と言ってよいほどなのだ。しかし、いったいランダムウォーク理論のどこがそんなに拒絶されたのだろうか。

「将来の価格を断定的に予測することはできない」という言い方は、何も重要なことを言っていないように聞こえる。だが、これをもっと現実に即した言い方にすると様相が変わってくる。つまり、投資で成功するかしないかは、一般に言われているような能力やスキルの差などではなくて、単に〝運次第〟ということである。何をやっても予測はできないのだから、結果に意味はない。伝説の大投資家や金融マンでさえ例外とはならない。

たとえば、経済の状況や企業の業績などを分析して投資方針を決める伝統的な分析手法はファンダメンタルズ分析と呼ばれる。このファンダメンタルズ分析は、投資の教科書の〝いの一番〟で書かれている基本中の基本であり、金融マンが最も得意とするものの一つだ。だが、価格変動がランダムウォークなら、そんな分析はまったく何の役にも立たず、単なる気休めにすぎないことになる。

株価をグラフにしたチャートと呼ばれるものを分析して相場動向を占うテクニカル分析も人気の高い投資技法だ。中には、それを専門とするカリスマ的な分析家もいる。だが、これも同様にまったく意味をもたず、単なる〝おまじない〟にすぎない。

どんなに成功した投資家も、本人が何と言おうと本当の成功要因はただ運が良かっただけのことである。彼が自分で「私はこれで成功した」と謳っている投資手法は、実際には彼の成功に何も貢献していない。また、高名なファンドマネジャーやアナリストの予測は、いくらそれらしく聞こえたとしても、本当は単なる当てずっぽうにすぎない。もっと言えば、本当は単なる運任せにすぎないのに、さも専門家ぶって高額の手数料を獲得している運用業者や証券会社のやっていることは詐欺に等しい。

ランダムウォーク理論が現実に成り立っているとしたら、その意味するところはそういうことなのだ。成功した投資家は、自分の成功がみずからの能力と関係ないなどとは、これっぽっちも思わないだろう。高給をもらい、人々から一目置かれる金融業界の大物や専門家たちも、詐欺師呼ばわりされるのを見過ごすわけにはいかないに違いない。彼らがランダムウォーク理論に激しい敵意を燃やしたのも無理のないことなのである。

カリスマ投資家の真似をして一獲千金を狙う一般の投資家にとっても、ランダムウォーク理論は夢を奪う無味乾燥とした暴論にしか聞こえないだろう。いずれにしても人々の反発を招く運命にあったわけだ。

ランダムウォーク理論への反発の背景にあるもう一つの重要なポイントは、人が抱く「ランダム」という言葉のイメージと、実際にランダムな変動によって引き起こされる結果との間に大きなギャップがあるという点である。

多くの人は、ランダムな動きというと「特徴がなく、何も劇的なことが起きない平板なもの」というイメージを描きがちだろう。ところが、実際のランダムな動きは、そんな印象とはかなり違う。

たとえば、コンピュータでランダムウォークのシミュレーションをしてみると、本物の株価チャートと見分けがつかないようなものがいくつも出てくる。それをある銘柄の株価チャートだと言われて見せられたら、腕に自信のある専門家ほど、「画期的なイノベーションを囃《はや》してくっきりとした力強い上昇トレンドに乗っているように見える」とか、「上昇トレンドが何かのイベントをきっかけに下落トレンドに転じて底なしの沼に沈んでいくように見える」など、勝手にさまざまなストーリーを頭に思い浮かべることだろう。

ところが、それはランダムな動きをコンピュータ上で組み合わせただけのもので、本当はそこに意味など何もない。それでも、人の目には、何らかのストーリーに基づいてダイナミックに動いているように見えるのだ。原因がなく偶然だけが作用するランダムな動きは、実際には、ときに劇的な結果を生み、ときに偶然とはとても思えない動き方をするものなのである。

だから、ランダムウォーク理論への反論として、「株価は景気や業績に沿ってトレンドを描きながら変動している（ように見える）のだから、決してランダムな動きの連続などではない」というようなロジックではあまり説得力がない。ランダムな動きだけでも意味ありげなトレンド（に見えるもの）は十分に生まれるからだ。

他の反論として、「実際に素晴らしい成績を上げる優秀なカリスマ・ファンドマネジャーだっているし、逆に悲惨な成績に陥る愚かな投資家だっている。これらは能力や知識、あるいは経験の差によって生まれたものであり、決してランダムな動きの結果などではない」という意見もあるだろう。

でも、完全に株価がランダムに動いている仮想の世界でも、一握りの投資家は素晴らしい成績を上げるし、やはり一握りの投資家は目も当てられない状況に陥るはずである。そして、素晴らしい成績を収めたファンドマネジャーは、自分の分析手法が正しかったからこの成績を残せたと信じ切っているし、人にも自信をもってそう主張することだろう。それを聞く人々も、実際に結果を出している人物をカリスマとしてあがめ、その手法を見習おうとする。そうしたことは、本当はすべて偶然に事が決まっていたとしても恐らく起きるのである。それがランダムウォークというものの意外な一面だ。

本書でおいおい明らかにしていくが、私は現実の相場変動が本当にランダムウォークだけによって成り立っているとは考えていない。それは、あくまでも現実を単純化した理論モデルでしかない。でも、次のことには留意しておくべきだと思う。完全にランダムウォーク理論が成り立っている世界を想像してみると、そこで起きることは現実に我々が住む世界の出来事とあまり大きくは違わないはずである。つまりランダムウォーク理論は、人の直観には反するが、決して現実離れしたバカげた理論などではないということである。

ファーマによる実証と効率的市場仮説

ランダムウォーク理論は、バシュリエの時代から半世紀ほども経ってようやくアカデミズムの世界に徐々に受け入れられていった。それでも、相変わらず投資家や実業界からは強い反発を受け続けた。その両陣営のにらみ合いに決定的とも言える大きなインパクトを与えたのが、1960年代から70年代にかけて、シカゴ大学ブース・ビジネススクール教授のユージン・ファーマが行った研究である。

ファーマの功績には大きく二つがある。一つ目は、相場がランダムウォークとなる背景を説明すると考えられる**効率的市場仮説**を提唱したこと。二つ目は、実証研究によって、ランダムウォーク理論とその背景にある効率的市場仮説が現実をおおむねうまく説明できると示したこと、だ。

効率的市場仮説は、なぜ相場がランダムウォークになるのかを説明する。ちょうど水分子の熱運動が花粉微粒子にランダムな動きを与えると説明したアインシュタインと同じことを、金融理論にもち込もうとしたものと言える。ただ、「仮説」と名が付いている通り、厳密に検証されたものではなく、これはあくまでも「仮説」だという点は意識したほうがよい。

ユージン・ファーマ
(Eugene Fama／1939〜)

「効率的」という言葉にも少し注釈が必要だろう。ここで言う効率的とは、今現在、利用可能な情報が、市場価格にはすでに適正な形で織り込まれているという意味である。理論的には、情報の流通コストがゼロ（つまり情報が広くあまねく瞬時に伝わる）、取引コストがゼロで、かつ大勢の投資家がいて彼らが合理的に行動すると、市場は効率的になると考えられている。

逆に、そうした条件が満たされていないとどうなるのか。歴史的に有名な事例を一つだけ紹介しよう。1815年、ナポレオン率いるフランス軍と、英国・プロイセン連合軍が戦ったワーテルローの戦いのときのことだ。

今のドイツ、フランクフルトで成功したマイヤー・アムシェル・ロートシルト（英音でロスチャイルド）の四男ネイサンは、英国のロンドンを拠点に活動していた。当時の英国は、長引くナポレオン戦争による出費がかさみ、記録的な財政赤字を積み上げていた。来るべきワーテルローの決戦で敗れることがあれば、一気に財政破綻に追い込まれる危険性が高かった。だが決戦に勝利すれば、英国はついに世界の覇権国家へとのし上がり、財政破綻のリスクも解消される。したがって戦いの帰趨が、英国の国債価格を大きく左右することは確実だった。

ネイサンは誰よりも早く結果を知ることができるように情報ルートを整えて、その時を待った。歴史からも明らかなとおり、もたらされたのは連合軍勝利の一報だった。この情報が広まれば英国債の価格は急騰するだろう。ところが、ネイサンは英国債を売り始めたのである。市場では、「情報ルートを持つネイサンが国債を売っているということとは、連合軍が敗れたからに違いない」とパニックが広がり、瞬く間に国債価格は暴落した。その安くなった価格でネイサンは、今度は大量に国債を買い入れたのだった。

やがて戦勝の報が一般にも知れ渡るようになると国債価格は暴騰し、ネイサンは一夜にして巨万の富を手に入れた。真実をつかんでいるのが自分一人であることを知っていたネイサンによって、国債市場は思い通りに操られてしまったのである。

これが、情報が瞬時に伝わらない時に起こることだ。英国債の価格が最初に急落したことは、正しい情報をまったく反映していない動きだった。このときの市場は、きわめて非効率な状態だったのである。そしてそれは、重要な情報をたった一人の投資家が占有していたことから生じた。

こうしたことが現在の主要市場で起きるとは、基本的には考えにくい。情報の伝達スピードが格段に速くなり、しかも大勢がそれにアクセスできるようになったからだ。ワーテルローの戦いの結末という極めて重大な情報をただ一人の人間が占有して市場を操ることは、もはや不可能と言ってよいだろう。

つまり、整備された現在の市場では、情報コストは非常に安くなっており、効率的な市場が実現する条件が以前よりも整ってきている。以下では、その前提で話を進めていこう。

さて、市場では常に新しい情報が生まれ、そのたびに市場価格は変動する。たとえばトヨタの業績発表が大方の予想より良かったとしよう。その情報はただちに株価に織り込まれる。つまり、トヨタの株価は、新しい情報も加味して、それに見合った水準にまで瞬時に上昇する。このような過程が繰り返されていくのである。そして、その時点で、利用可能なすべての情報が適正に価格に織り込まれた状態が効率的ということになる。

情報にはさまざまなものが含まれる。前述の例のような単にトヨタがみずから発表した情報だけとは限らない。実際に市場では公式発表を待つまでもなく、それよりも前に「どうやらトヨタの業績は今まで予想されていたよりも良さそうだ」という見通しが生まれる。それもまた情報だ。

今の市場価格が、このように利用可能な情報をすべて適切に織り込んだ効率的な価格ならば、次に市場価格が変動するのは誰も知りえなかった新しい情報が生まれたときだけとなる。その新しい情報が、株価を上昇させるものか下落させるものかは前もっては誰にも分からない。要するに、上がるも下がるも五分五分だ。したがって花粉微粒子に衝突する水分子の揺らぎと同じように、それは株価にランダムな影響を与えるはずである。こうして、市場が効率的ならば、相場変動はランダムなものになる。このように、効率的な市場では価格がランダムに変動することを証明したのは、ファーマとともに効率的市場仮説の提唱者の一人であるポール・サミュエルソンである。彼には、改めて第6章で登場してもらうことになる[4]。

さて、サミュエルソンらとともに効率的市場仮説を提唱したファーマは、単なる理論家にとどまらず、優れたデータ・サイエンティストでもあった。実際のデータを分析して、効率的市場仮説もしくはランダムウォーク理論をおおむね裏づけると見られる実証研究の結果を、1970年に発表することになるのである。それによれば、過去の価格情報や公開情報を使って将来の市場価格を合理的に予測することは不可能であるようだった。つまり、利用可能な情報はかなり迅速に市場価格に織り込まれており、したがって実際の相場変動は、どうやらランダムウォークに非常に近い形で動いていると推測できる。

ちなみに、このファーマの研究、およびそれに続くさまざまな研究が「市場が完全に、効率的である」ことを実証しているわけではない。あくまでも「市場には効率的に情報を織り込む」機能が備わっていることを示しているだけである。実際にファーマ自身も、市場の効率性を「ウィーク」「セミストロング」「ストロング」という3段階に分けて定義をしている。現在の価格に、過去の価格情報がすべて織り込まれているのが「ウィーク型」であり、それが成り立っていればテクニカル分析は有効性をもたない。公開情報がすべて織り込まれているのが「セミストロング型」。ファンダメンタルズ分析が意味をもたなくなる。そして、インサイダー情報を含めたすべての情報が織り込まれるのが「ストロング型」である。

要するに、必ずしもすべての情報に対して完全に効率的であることを想定しているわけではないのだ。実証的にも、完全な効率性を想定する「ストロング」型はほぼ否定されていると見てよい。[5]

また、効率的市場仮説とランダムウォーク理論との関係にも微妙な点が見られる。市場が効率的なら、相場変動はランダムウォークとなり予測不能になる。そして、現実の市場はおおむね予測不能だと考えられる。だが、予測不能だからといって市場が効率的である証拠には必ずしもならない。たとえば、すべての投資家がテクニカル分析もファンダメンタルズ分析も一切行わずにサイコロを振って投資していると仮定してみよう。市場価格には何の情報も織り込まれないが、ランダムに変動するので誰にも予測はできない。もちろん、これは極端な仮定だが、市場が効率的であることと、相場変動がランダムで予測不能であることは完全にイコールなわけではないのである。

そんなあいまいさを残しながらも、次第に効率的市場仮説とランダムウォーク理論は分かちがたく結びつき、やがて反対派を圧倒する力を得始めることになる。本来は、仮説は仮説であり、理論モデルは現実を単純化したものにすぎない。だが、議論は独り歩きをする。最初はそうだと分かっていても、次第に「市場は常に完全に効率的である」とか、「相場は100％ランダムウォークなのだから何をやっても無駄だ」という具合に、仮説や理論モデルが常に完全な形で成り立っているかのような議論がまかり通るようになっていくのである。それが、やがて大きな厄災を招くことになるのだが、その話は改めて第4章で取り上げることにしよう。

しかし、効率的市場仮説&ランダムウォーク理論がそのような方向に向かっていったことについては、アンチ派にも責任があるだろう。彼らの反論の多くは感覚的な経験論によるものだったのだ。実証分析を裏づけにもつファーマらの主張に対抗しようとしても、それでは説得力に欠ける。

いずれにしても、バシュリエから始まったランダムウォーク理論は、長い空白の期間を経て、ついに現代ファイナンス理論の中核的存在となっていったのである。

「カジノ荒らし」の数学者が挑んだオプションの世界

将来の価格変動を予測できないという点に加えて、ランダムウォーク理論のもう一つのポイントであった「確率なら計算できる」という点にも目を向けてみよう。この特徴を使うと、**オプション**と呼ばれる特殊な金融商品の価格を計算できるということだった。

まずオプションとはどんなものかの説明から始めよう。オプションとは、「ある資産を決められた期日に決められた価格で買う権利、もしくは売る権利」のことである。ここで「買う権利」はコールと呼ばれ、「売る権利」はプットと呼ばれる。しかも、オプション取引はこれらの権利を売買するものなので、少々ややこしいのだが、次の四つの取引形態が存在する。

・「買う権利（コール）」を買う
・「買う権利（コール）」を売る
・「売る権利（プット）」を買う
・「売る権利（プット）」を売る

例として、一番最初の「買う権利（コール）」を買う人の立場に立って、オプションの特性を見ていくことにしよう。

対象となる資産は何でもよいのだが、ここではある企業A社の株1株を対象としよう。取引をする際には、権利を行使できる期日と価格をあらかじめ決めておく必要がある。これも、取引の当事者同士で自由に決められるのだが、ここでは次のようにしておく。

権利を行使できる期日（行使期日）：1か月後
権利を行使できる価格（行使価格）：1010円

さて、1か月後のA社株の価格は、ランダムウォーク理論によれば誰にも予測ができない。でも、それを言っていたらオプションの価値を計算できないので、場合分けをして整理してみる。

たとえば、1か月後のA社株の価格が1100円になった場合を考えよう。オプションを買った人は、権利を行使すればA社株を1010円で買える。実際には1100円で取引されているものを、1010円で手にできるのだ。つまり、90円分得をすることになる。

次に、1か月後のA社株の価格が900円だった場合も考えてみよう。普通に買えば900円で買えるものを、権利を行使してわざわざ1010円で買うと、今度は110円分損をする。ここで「権利」であることのメリットが効いてくる。自分が不利になるときには権利を放棄して、何もしなければよいのだ。そうすれば、損失は発生しない。

要するに「買う権利」を買った人は、対象資産が値上がりしたときには利益を得る一方で、値下がりしたときには損失を負わなくてよいというわけだ。なんとも夢のような取引なのである。だが、取引をするには相手方がいる。こちらに一方的に有利な取引をしてくれる相手などいるはずはない。だから、オプションを購入することで得られる「有利さ」に見合った金額を売り手に対して支払うことで、初めて取引は成立する。つまり、オプションの買い手は、お金を払って有利な立場を手に入れる。一方の売り手は、お金をもらう代わりに、不利な立場を受け入れる。このとき買い手が売り手に支払う金額のことを**オプション・プレミアム**と呼んでいる。

では、このオプション・プレミアムはどのように計算すればよいのだろうか。それは、オプションの購入がもたらす「有利さ」を計算することに他ならない。

ここで、A社株の1か月後の株価の確率分布が分かっていれば、それをもとにこのオプションがどのくらいの利益をもたらしてくれるのか、期待値を計算することができる。

図4　オプションの期待利益の計算

	(a)	(b)	
10日後の株価(円)	確率(%)	利益(円)	a×b
1,100	0.098	90	0.09
1,080	0.977	70	0.68
1,060	4.395	50	2.20
1,040	11.719	30	3.52
1,020	20.508	10	2.05
1,000	24.609	0	0
980	20.508	0	0
960	11.719	0	0
940	4.395	0	0
920	0.977	0	0
900	0.098	0	0
			合計　8.54

例として、A社株の1か月後の確率分布が**図4**の（a）のように計算できるとしよう。先ほども示した通り、1か月後のA社の株価が1100円だとすると90円分の利益が生まれる。そして図4の確率分布からは、株価が1100円になる確率は0・098％ということが分かる。利益の額と確率をかけて90円×0・098％＝0・09円が、このケースの期待利益ということになる。次に株価が1080円となるケースでは、利益の額が70円で、発生確率は0・977％なので、二つを掛けると0・68円の期待利益となる。

こうしてすべてのケースについて期待利益を計算して合計すれば、このオプションがもたらす利益の期待値が計算できる。実際に計算してみると、その値は8・54円だ。[6] これがオプションの買い手にとっての有利さを表す値で、すなわちオプションの価格そのものとなる。

オプションの価格理論は、ファイナンス理論の中でも最も難しいものの一つに数えられる。だが、やっていることは、確率計算によって期待値を計算しているだけなのだ。

問題となるのは、将来の株価の確率をどう求めるかである。ここでランダムウォーク理論が役に立つ。株価変動がランダムウォークなら、将来の価格の確率分布が正規分布になるということだった。それを使えばオプションの価格も理論的に計算することができる。1960年代にそのことに気がついたのが、エドワード・ソープという異端の数学者だった。

エドワード・ソープ
（Edward Oakley Thorp／1932〜）

ソープは、大学での研究に飽き足らずに、確率論に基づいてブラックジャックの戦略を編み出し、それを実際のカジノで試して大成功を収めていた。『ディーラーをやっつけろ！』（邦訳・工学社／パンローリング）という本も出版し、カジノ荒らしとして名を馳せた。

だが、やがてカジノ業界から睨まれる存在となり、身の危険を感じてカジノから手を引く羽目となる。そんな彼が次に目を向けたのが、金融市場だった。ソープはランダムウォーク理論に基づく確率論に従って、オプション市場への挑戦を始めるのである。

もっとも、ランダムウォーク理論によってオプション価格を計算するというソープの考えは、半世紀以上前にバシュリエが考えていたことでもあった。バシュリエは後年、ブノア・マンデルブロやポール・サミュエルソンといった高名な学者たちによって再評価されていくのだが、ソープがランダムウォーク理論に基づいてオプション市場への挑戦を始めたこのときこそ、バシュリエのアイデアが後世に蘇った瞬間だったと言えるのかもしれない。

理論の間違いを理論で突く
ソープのCBアーブ戦略

実際にソープが主に取り組んだのは、転換社債といわれるものである。転換社債[7]は、企業が発行する債券、すなわち「社債」として発行されるのだが、任意の時期に投資家が株式に転換できる権利が付されている。たとえば、1株2000円で発行企業の株に転換できる権利が付いている転換社債があるとする。この転換価格は発行時に決められて、その後は変わらない。１００万円の転換社債で考えてみよう。

１０００００００円　÷　２０００円　＝　５００株

このように、いつでも５００株に転換できることになる。

さて、投資を開始して何年か経ち、この企業の株価が２５００円になったとしよう。ここで、１００万円の転換社債を５００株の株に転換すれば、その価値は次のように計算できる。

５００株　×　２５００円（時価）　＝　１２５００００円

つまり、25万円分の利益が得られる。もちろん、株価が低迷していたら無理に株に転換する必要はなく、債券として持ち続ければよい。この商品は、株式のコールオプション[8]が社債に組み合わされたものなのだ。

ソープがランダムウォーク理論に基づいたオプションの価値計算を用いて計算したと

ころ、実際に取引されている転換社債の価格は、彼の理論から導かれた価格から乖離していた。ソープの考えが正しいとすれば、他の投資家は転換社債の本当の価値を知らずに取引しているようだった。そこで、もし転換社債の価格が理論価格を大幅に下回っていればこれを買って、あとは余分なリスクをうまくヘッジ（回避）していけば、やがて必ず利益が上がるはずである。

ソープが、こうした考えに基づいて実際にヘッジファンドと呼ばれる限定した顧客向けの私募ファンド（詳細は第6章）を作って転換社債のトレーディングを始めたところ、実に目覚ましい成績を収めることになった。伝説の「カジノ荒らし」は、今度はカリスマ投資家になったのだった。ちなみに、ソープが始めたこの手法は、転換社債の英語略称のCB（Convertible Bond）と、裁定取引という意味の「アーブ（アービトラージ）」という言葉をつないで**CBアーブ**と呼ばれており、今ではプロの間で定番的なトレーディング手法の一つとなっている。

ソープのCBアーブの成功には、ちょっとした矛盾が潜んでいる。ファーマが提唱した効率的な市場という仮定の下では、転換社債はその本当の価値を反映した価格で取引されているはずである。でも、実際にはそうではなかった。少なくとも転換社債市場は効率的な市場ではなかったのである。しかし、その市場の歪みを利益に変えたのは、効率的な市場で成り立つとされるランダムウォーク理論を前提としてオプションの価値を計算する理論モデルだった。ランダムウォーク理論や効率的市場仮説が正しいかどうかをめぐって論争が続いているときに、ソープはそうした論争に背を向け、どうやら理論の前提が満たされてはいない現実のマーケットでも理論が実際の役に立つことを示したのだった。

このソープの発想は、数理モデルを使って投資をする**クオンツ**系と呼ばれるヘッジファンドに連綿と受け継がれていくことになる。

さて、少し細かい話になるが、ソープのオプション価格計算では、バシュリエのランダムウォーク理論に若干の修正が加えられたものが使用されている。その修正版ランダムウォーク理論は、モーリー・オズボーンという物理学者によって提唱されたものだ。バシュリエのランダムウォーク理論は、「株価の変動幅がランダムに動く」ことを仮定している。その結果、一定期間後の株価の確率分布を正規分布で表すことできるようになる。一方のオズボーン版は、「株価の変動率がランダムに動く」という前提を置いている。幅か率かなどどうでもいいような話に聞こえるかもしれないし、実際にこれまでの話の大枠が変わるわけではない。だが、現在ではこのオズボーン版のランダムウォーク理論のほうが適切であると考えられることが多く、よりスタンダードな理論モデルと

図5　正規分布と対数正規分布

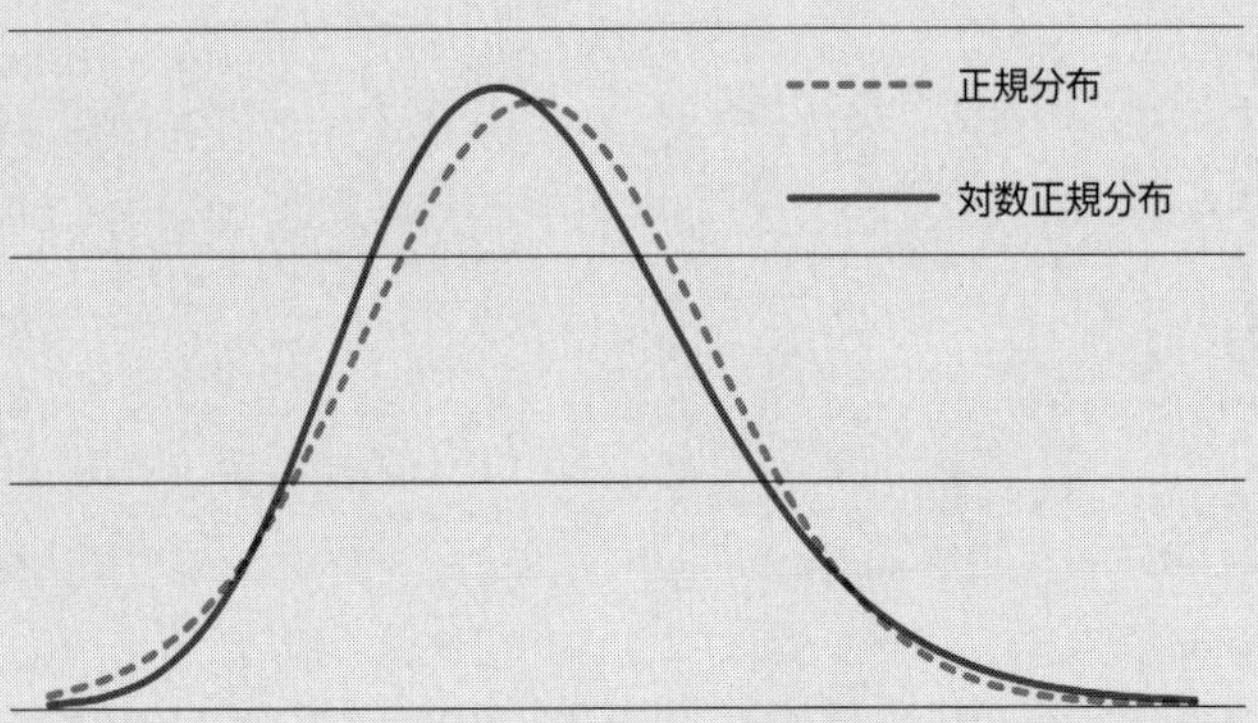

して扱われている。

ちょっと専門的な言い方をすると、この修正版ランダムウォーク理論は**幾何ブラウン運動**と呼ばれるものである。そして幾何ブラウン運動の確率分布は、正規分布が少し傾いたような分布形状となる。これを対数正規分布と呼んでいる。図に表すと、**図5**の点線が正規分布なのだが、対数正規分布は実線で表された形となる。ちょっと重心が左側に傾き、そのかわり右に少し間延びした感じになる。ただし、横軸の値を対数値に変換すると、左右対称のきれいな正規分布になる。だから、対数正規分布という。もちろん確率計算が容易にできるという正規分布の性質はまったく失われない。

こうして「対数正規分布の確率分布に基づいてオプションの期待値を計算する」という手法が確立されていくことになる。ソープはこの考え方に基づいて実際に利益を上げたわけだが、これを精緻な理論モデルに組み上げて世間に最初に発表したのは、フィッシャー・ブラックとマイロン・ショールズの二人だった。

ブラック＝ショールズ・モデルの登場とデリバティブの発展

1973年は、金融ビジネスの歴史上、とても重要な年である。ブレトンウッズ体制と呼ばれる米ドルを基軸通貨とする国際通貨体制が崩れ、主要国の通貨の交換レートが完全に変動制になったのがこの年だ。また、同年に起こった第四次中東戦争をきっかけにオイルショックが起き、世界経済に多大な影響を与えている。世界経済は激変し、荒れ狂う市場を乗り切るためにイノベーションが求められるようになっていた。そこで登場するのが**金融デリバティブ**である。IMM（International Monetary Market）という世界で最初に金融デリバティブを取引する取引所がシカゴに作られたのは、この前年のことである。

デリバティブは、日本語では「派生商品」と訳されている。株や為替、金利など、他の金融商品（これを原資産という）の値動きだけを取り出して売買したり、さまざまなリスクヘッジ手段を提供したりするものである。具体的には先渡取引（フォワード）、オプション、スワップなどが含まれる。一般には複雑で投機的な取引というイメージが強いかもしれないが、企業の柔軟な財務戦略や金融機関の高度なリスク管理に欠かすことのできない重要な役割を果たしている。また、デリバティブの市場規模は今では原資産を上回るほどになっていて、もはやデリバティブ抜きで金融ビジネスを語ることはできないほどに巨大な存在ともなっている。

そんなデリバティブには、とても際立った大きな特徴がある。それは、理論と実務が一体となって発展してきたという点だ。通常のビジネスでは、まず実務が先行し、理論はそれを後追いするのが常だ。デリバティブも最初のうちはそうだったのだが、やがて理論が新しいデリバティブ商品を生み、デリバティブの急成長が理論の発展を促すという展開になっていく。今では、デリバティブは非常に精緻な数学モデルの上に初めて成り立つビジネスとなっていて、そこではクオンツと呼ばれる理系の専門家が小難しげな数式と毎日格闘するような世界が広がっている。

デリバティブを成り立たせるそれらの理論は金融工学と呼ばれ、もちろん現代ファイナンス理論の重要な一部をなしている。そうしたデリバティブの理論的発展の歴史の中でも最も特筆すべきものが、やはり1973年に発表された**ブラック＝ショールズ・モデル**（BSモデル）だろう。

フィッシャー・ブラック
（Fischer Sheffey Black／1938〜1995）

マイロン・ショールズ
（Myron S. Scholes／1941〜）

フィッシャー・ブラックは、ハーバード大学出身の数学者で、学界と実業界を行き来するいわゆる〝回転ドア〟の先駆的存在である。寡黙で学者然とした風貌だが、見かけによらず気まぐれで、風変わりな人物だった。学生デモに参加して逮捕され、一時ハーバードを追放されたこともある。また、経済や金融についてはきちんと学んだことさえなかった。

そんな彼が、学会に飽き足らずにアーサー・D・リトルというコンサルティング会社でデータ解析や数値分析の仕事していたときに、MIT（マサチューセッツ工科大学）スローン・スクールの准教授だったマイロン・ショールズと知り合い、共同でオプションの価格理論を研究するようになる。こうしてブラック＝ショールズ・モデルが生まれるのである。

ブラック＝ショールズ・モデルは、高度な数学を使って導出されたモデルだが、そこから導かれる計算式自体は非常にシンプルで、それを使うと対数正規型の確率分布を前提としたオプションの価格計算が簡単にできるという特徴をもっている。

問題は、将来の価格の確率分布を対数正規分布と仮定することが、はたして本当に正しいのかという点だ。これは、現実の相場は本当にランダムウォーク（厳密には幾何ブラウン運動）なのかという問題に言い換えることができる。

実務的な立場で言うと、この問いに対しては、二段階の答えがある。現実の相場変動は対数正規分布によく似た形をしており、したがって実務的には対数正規分布を仮定することでおおむね問題はない、というのが第一の答えだ。そしてこれが、ブラック＝ショールズ・モデルが実際に実務で使われていくことになる大きな理由の一つである。しかし、第二の答えでは、とくに価格が大幅に変動することを想定するケースで、対数正規分布が必ずしも現実の動きを正確に捉えきれないことがある、という答えになる。この第二の点が、次に述べるような長年の論争の種となっていくのである。

批判を受け続けたBSモデルはなぜスタンダードとなったのか

ブラック＝ショールズ・モデルは発表されて以来、あまりに現実を単純化しすぎていて正確性に欠けるという批判を受け続けてきた。それはランダムウォーク理論の妥当性をめぐる果てしない論争の発展版とも言えるものだった。だがこの論争では、批判する側も実証研究や理論モデルを携えながら対案を提示するという建設的な議論が含まれていた。こうしたブラック＝ショールズ・モデルへの建設的批判から、その欠点とされる部分を補うような新たな理論モデルが、これまた次から次へと生まれてくることになる。ブラック＝ショールズ・モデルへの批判や対抗モデルの登場が、その後の金融工学の急速な発展の原動力になったと言えるだろう。

その一方で、どんどん高度で複雑な理論モデルが提示されていったにもかかわらず、現在に至るまでブラック＝ショールズ・モデルは最もスタンダードなオプションのプライシング・モデルとして使われ続けているという点も見逃せない。

実際のところ、ブラック＝ショールズ・モデルの欠点や限界は今では広く認識されており、とくに複雑なオプションを計算する場合などには誤差が大きくなったり、そもそも計算ができなかったりといった問題がある。だから、より高度で複雑なデリバティブを扱う金融機関では、ブラック=ショールズ・モデルに加えて別のさまざまな理論モデルを併用している。だが、比較的単純な普通のオプションだったらブラック=ショールズ・モデルで計算すれば十分なのだ。それに、ブラック=ショールズ・モデルはオプションを扱う人々にとっての共通言語であり、いわばインフラのような役割を果たしている。

なぜ、多くの批判を集めたブラック=ショールズ・モデルがこのように使われ続けているのか。その最大の理由は、とにかく簡単で使い勝手がよいことである。何を計算しているのかをイメージしやすいのも長所だ。かなり高度な数学が使われてはいるのだが、ブラック=ショールズ・モデルによるオプション価格の計算式自体は非常にシンプルで、少し慣れた人ならエクセルさえあれば、それこそあっという間に計算できてしまうレベルなのだ。

これに対して、ブラック=ショールズ・モデルの欠点を補うべく生まれてきた複雑な理論モデルは、往々にして計算が難しく、直感的にもイメージしにくいものが多い。それに、正しい計算結果を導くために適切な値を設定しなければならないパラメータが、複雑なモデルになればなるほど多くなる。そうすると、それらのパラメータをどうやって推定するかという問題が頭をもたげてくる。つまり、複雑なモデルを使いさえすればただちに正確な計算結果が導かれるというような単純なものではないのだ。複雑なモデルが正しく機能するためには、さまざまなスキルやテクニックが必要であり、次第に誰もが使いこなせる代物ではなくなってくる。

一方で、ブラック＝ショールズ・モデルはたしかに単純化されすぎたモデルかもしれないが、使い勝手がよいだけに、言い方は悪いが、現実の相場変動に合うように鉛筆をなめながら計算することが可能なのである。現実を忠実に再現しようと扱いづらい複雑なモデルと格闘するよりも、正確性には少し欠けるかもしれないが簡便なモデルを、うまく現実に適合するように微調整しながら使い続けるほうが現実的な解決法となりうる。

こうして、ブラック＝ショールズ・モデルはスタンダード・モデルとして不動の地位を築いていったのだった。それは、ブラック＝ショールズ・モデルが完全な理論モデルだと考えられていたからではなく、人々が簡便さや分かりやすさを優先した結果である。

しかし、現実的な手段としてブラック＝ショールズ・モデルが使われ続けるうちに、モデルに内在する欠点や課題に対する意識は薄れていく。そして、いつの日か、ブラック＝ショールズ・モデルでは捉えきれない現実の相場の荒々しい一面が、モデルに安住しようとする人々に襲いかかってくることになる。

この問題は、改めて第4章で取り上げていくので、ここではブラックとショールズの後日談を記すにとどめておこう。

ブラックはその後、かのユージン・ファーマと同じシカゴ大学ブース・スクールやMITスローン・スクールで教鞭をとった後、大手投資銀行ゴールドマン＝サックスに入社した。そこで、現実の市場と正面から向き合うことになる。そこで、彼が残したとされる言葉が以下のものだ。

チャールズ川岸から見るよりも、ハドソン川岸から見るほうが、市場の効率性はよほど低い。[9]

チャールズ川はボストンに流れる川で、その両岸にブラックが在籍したハーバード大学とMITがある。要するに学界の象徴だ。一方のハドソン川はニューヨーク、ウォール街の西を流れる川で、こちらは市場の象徴である。つまり、現実の市場は理論通りにはいかない、ということだ。

ただし、学者だったブラックが生き馬の目を抜くと評されるウォール街のトップ企業で働くというところに、米国における産学の密接でダイナミックな関係がうかがえる。

金融機関は理論家を採用して、その知見をトレーディング手法の開発やリスク管理に取り入れていく。一方の理論家も、現実の市場の中で働くことで新たなものを見出すようになる。それが、米国における金融イノベーションを推し進める大きな原動力の一つとなったことは間違いないだろう。その先頭に立つ存在だったブラックは、残念ながらゴールドマン在職中の１９９５年に57歳で亡くなった。

ショールズもやはりＭＩＴやシカゴ大学ブース・スクールなどで教鞭をとった後、実業の世界に足を踏み入れることになる。第6章で取り上げる夢のヘッジファンドＬＴＣＭに、同じく金融工学の世界的権威であるロバート・マートンとともに参画したのである。マートンは、ブラックやショールズとも関係が近く、ブラック＝ショールズ・モデルの理論上の正しさを数学的に証明した人物としても有名だ。そして、ブラックが亡くなった2年後の１９９７年にショールズとマートンはノーベル経済学賞[10]を共同受賞する。

歴史はときに皮肉なものとなる。その翌１９９８年、二人のノーベル賞受賞者を擁したＬＴＣＭは突然の破綻を迎えた。理論は役に立つが、ときに大きな落とし穴にはまることもある。それは、金融の世界では完全な理論モデルが決して存在しないことを暗示するエピソードだったのかもしれない。

【脚注】

1…エリートを養成するためのフランス特有の高等職業教育機関。大学よりも格上である。

2…似たような考えを抱いたのは必ずしもバシュリエ一人だけではなかったようだ。たとえば19世紀後半にフランスで株式ブローカー、投資家として成功したジュール・レノーによる1863年の著作に、ランダムウォーク理論によく似たアイデアが示されている。

3…厳密には、時間が経過すると金利の分だけ平均値がずれていくと考えるのだが、ここでの説明はその金利の効果を省略している。

4…ポール・サミュエルソンは、効率的市場仮説の成立に大きな役割を果たした理論的支柱の一人であると同時に、バシュリエの再評価にも大きく貢献した。また、ここでは触れていないが、効率的市場仮説の成立に不可欠であったランダムウォーク理論の実証研究については、第4章で登場するブノア・マンデルブロの貢献も大きい。マンデルブロもまた、バシュリエの再評価に欠かせない役割を果たしている。

5…2003年12月にイラクの元大統領サダム・フセインが逮捕される少し前、つまりまだ誰も結果を知らないはずのときに、イントレードという電子予測市場で「フセインが逮捕される確率」を売買する取引の価格が急上昇した。背景は不明だが、この事例に限って言えば「ストロング型」の効率性が発揮されたケースと言えるかもしれない。

6…この値は、一か月後の金額なので、厳密にはこれを現時点での価値、すなわち現在価値に換算する。金融商品の価格計算は、結構細かいところにまで気を使うのである。

7…日本では現在、正式には転換社債型新株予約権付社債と呼ばれている。

8…厳密に言うと、債券を株式に交換できるエクスチェンジ・オプションと呼ばれるものである。

9…ピーター・バーンスタイン『リスク――神々への反逆』（日本経済新聞社）より。

10…正式には「アルフレッド・ノーベル記念スウェーデン国立銀行経済学賞」。ノーベル賞と一体で選考・授与されるものの、賞金はノーベル基金ではなくスウェーデン国立銀行が拠出しており、厳密にはノーベル賞ではない。ただし、本書では通称のまま「ノーベル経済学賞」という名称を用いる。

第2章

ポートフォリオ理論と銘柄選択、どちらが役に立つのか？

革命の幕を開けた
マーコウィッツのポートフォリオ理論

ランダムウォーク理論を最初に打ち立てたルイ・バシュリエは、ほとんど注目されないままにその人生を送った。彼がフランス北西の小さな町、サン＝セルヴァン＝シュル＝メールで亡くなったのは1946年のことである。彼は気づく由もなかっただろうが、それは現代ファイナンス理論の扉が再び、そして今度こそ完全に開かれることになるわずか数年前のことだった。

ついに革命を成し遂げたのは、ハリー・マーコウィッツという名のシカゴ大学（またシカゴ大学！）で学ぶ大学院生だった。彼が１９５２年に書いた博士論文のタイトルは「ポートフォリオ選択」。これが、現代ファイナンス理論の支柱の一つ、**モダンポートフォリオ理論**（単にポートフォリオ理論とも言う）と呼ばれるものの出発点となる。

ポートフォリオとは、運用資金を何らかの資産に振り向けたときの構成比率、つまり運用資産の内訳を意味する。いくつかの運用資産に振り向けられた運用資金全体のことをポートフォリオと言うこともある。いずれにしろポートフォリオ選択とは、運用資金をどのような資産（あるいは銘柄）に振り向けるべきかという問題のことである。

運用資金を振り向けるべき対象にはさまざまなものがありうるが、ここでは話を単純化して、手持ちの資金１００万円を、トヨタ株、ソフトバンク株、ソニー株のいずれかに投資することを考えてみよう。どの銘柄を選ぶべきなのか、あるいはどれかとどれかを組み合わせるべきなのか。

ハリー・マーコウィッツ
(Harry Max Markowitz／1927～)

トヨタは言うまでもなく日本最大の企業で、

グローバルに見ても自動車業界のトップ企業である。その競争力や収益力は非常に強力だ。ソフトバンクは、カリスマ経営者による積極的な経営方針で知られ、M&Aを駆使して業容を大きく拡大している。安定したトヨタよりも浮き沈みが激しそうな印象もあるが、ここ数年の株価の値上がり率はトヨタをしのぐ。ソニーは一時苦境に陥っていたが、今では日本のエレクトロニクス産業のトップに返り咲いている。安定感という点では前記2社に劣るかもしれないが、ここ数年で見れば株価のパフォーマンスは最も良い。

では、このうちどの銘柄を選ぶべきなのか。

普通の投資家はこんな感じで各銘柄の特徴や長所短所を分析・比較して、自分の好みに合った企業を選んでいく。だがマーコウィッツは、それとはまったく違うアプローチをとった。そのアプローチを理解するためには、まず**期待リターン**と**リスク**という概念を押さえる必要がある。

期待リターンとは、投資家が合理的に期待できる予想収益率といった意味合いのものである。期待といっても、「このくらい上がってくれたらうれしいな」というような単に主観的な希望のことではない。

マーコウィッツのポートフォリオ選択理論でも、その根底にあるのは市場価格のランダムな変動である。株価の変動は基本的にランダムなものであり、将来どのような価格になるかは分からない。したがって実際にいくら損益が出るかも事前には分からない。それでも、平均的にこのくらいになるという風には言えるはずだ。その平均的なリターンが「期待リターン」なのである。この期待リターンは、高ければ高いほど投資家にとって望ましい。

もっとも、この期待リターンがいくらなのかということは、現実には割り出すのが非常に難しい問題である。その点に関しては、すぐあとで述べる別の理論が解決策を提供してくれるので、ここでは理由はともかく各社の期待リターンを次のように仮定しよう。

トヨタ：4％（年率、以下同様）
ソフトバンク：5％
ソニー：6％

次に「リスク」である。リスクというのは言うまでもなく、危険とか、損失を被る可能性を意味する。ところが、ランダムウォークの世界では、基本的に価格が上がるか下がるかが五分五分である。価格の変動が激しいものは大きな利益を得られるかもしれないし、大きな損失を被るかもしれない。つまり、上がるにしろ下がるにしろ価格が大きく変動する資産は、それだけリスクが大きいと言える。このように、リスクの大きさは、価格変動の大きさによって捉えられる。

この価格変動の大きさを表すのが第1章でも登場したボラティリティと呼ばれる指標だ。金融の世界では頻出語の一つで、略して「ボラ」とだけ呼ばれることも多い。ボラティリティが高いということは価格変動が激しいことを意味し、そうしたボラティリティの高い資産に投資をしたときには損益の振れ幅も大きくなる。

このリスクに関しては、小さければ小さいほど、投資家には望ましいと考えられる。先ほどの事例に戻って、ここではこのボラティリティを次のように仮定しておく。

トヨタ：20％（年率、以下同様）
ソフトバンク：25％
ソニー：30％

ボラティリティが年率20％と言われてもピンとこない場合は、上がるか下がるかはともかくその資産の1年間の価格変動率が平均して20％になるというイメージで捉えればよい。もし1年後に株価が倍になるかゼロになるかどちらかだとすれば、ボラティリティは年率100%となる。この値は、過去の株価データから統計的に計算することができる。

前に述べたように、ボラティリティは、将来価格の確率を正規分布で表したときに、その横方向の広がり具合を決める標準偏差としての意味をもつ。ある資産のボラティリティを特定することで、その資産の将来価格の確率分布の広がり具合を特定することができるというわけだ。

証明された分散投資の知恵

さてここで、どうすれば期待リターンをできるだけ大きく、リスクをできるだけ小さくできるかを考える。トヨタ株、ソフトバンク株、ソニー株のどれか一つだけに投資する場合は、次の通りであることが分かっている。

トヨタ株：期待リターン4%、リスク（ボラティリティ）20%
ソフトバンク株：期待リターン5%、リスク25%
ソニー株：期待リターン6%、リスク30%

そこで、次にこれらを何らかの比率で組み合わせて投資することを考えてみる。

その場合のポートフォリオ全体の期待リターンは、3銘柄の期待リターンを投資比率で加重平均したものに等しくなる。これは**平均の加法性**という性質によるものだ。いくつかの要素を混ぜ合わせたものの平均（ここでは、ポートフォリオの期待リターン）は、それぞれの要素の平均を足したもの（各銘柄の期待リターンの加重平均値）に等しくなる。

だが一方のリスク、つまり標準偏差は、そうはならない。異なる要素を混ぜ合わせたときの標準偏差は、各要素の標準偏差の加重平均値よりも小さくなるのが普通なのである。これは、異なる要素の変動に、互いを弱めたり、打ち消し合って相殺したりする効果が生まれることによる。これを**分散効果**と呼ぶ。

たとえば、トヨタ株が大きく値下がりしたときを考えてみよう。そのときに、ソフトバンク株やソニー株も同じように下がっているかもしれないが、そうならない可能性もある。もしソフトバンク株やソニー株の値下がりがトヨタ株よりも小さければ、全体の変動幅は抑えられる。場合によっては、ソフトバンク株やソニー株が値上がりし、トヨタ株の損失を埋め合わせしてくれるかもしれない。各要素がバラバラに動くとき、その各要素の損失は同じようには拡大していかないし、ときには互いに相殺される可能性があるというわけだ。

かくして、全体のリスクは各要素のリスクを合計したものよりも小さくなる。どのくらい小さくなるかは、互いがどれだけ独立してバラバラに動くかにかかっている。これを逆に見れば、互いがどのくらい連動するかが分かれば分散効果の大きさも分かる。

この互いの連動性を示すものが、**相関係数**と呼ばれるものである。相関係数が1のとき、それぞれの要素は完全に連動して動く。つまりバラバラには動かないので、リスクは小さくならない。分散効果はゼロだ。でも、普通は異なる銘柄が完全に連動することはなく、相関係数は1よりも小さくなる。そこに分散効果が生まれる。そして、相関係数が小さくなればなるほど分散効果は大きくなるのだ。

この相関係数をどう推計するかも、理論を実務に落とし込むうえで重要なポイントとなる。ここもなかなか決め手がないのだが、結局は過去の値動きのデータから計算をする以外にない。だが、対象とする銘柄の数が増えていくと計算負荷が大きくなり、いかにして計算を簡略化できるかという問題も出てくる。その点についてもあとで触れるとして、ここではトヨタ株、ソフトバンク株、ソニー株の互いの相関係数に一定の値が得られたものとして話を進めていこう。

さて、**図6**の点Aはトヨタ株だけ、点Bはソフトバンク株だけ、点Cはソニー株だけ

図６　効率的フロンティア

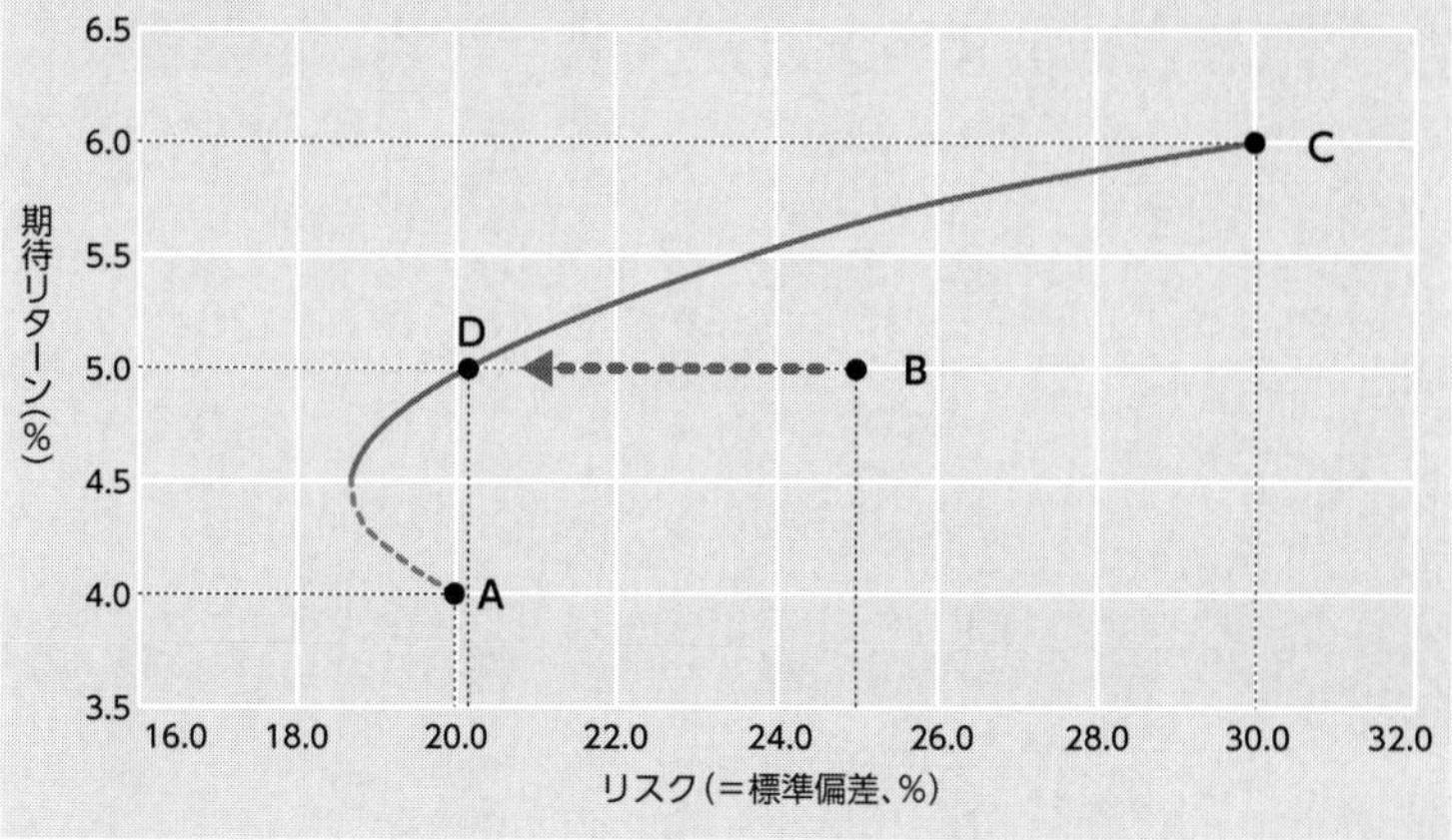

に投資した場合の、リスク（横軸）と期待リターン（縦軸）の関係を示している。

次に、３銘柄を何らかの比率で組み合わせた場合にどのようになるかを考える。期待リターンは加重平均で計算できるので、組み合わせ比率に従って４〜６％の値をとる。ただしリスクには今触れた分散効果があるので、組み合わせ比率によって減少していき、リスクと期待リターンの関係は図上の左方向に向かって移動する（この図上に、組み合わせ比率は明示されていない。何らかの組み合わせ比率によって実現されるリスクと期待リターンの関係のみが表示されていることに注意されたい）。

投資家にとって望ましいのは、より小

さなリスクでより大きなリターンを得られることである。もし目標とする期待リターンがあるならば、その期待リターンを達成する組み合わせの中で、リスクが最も小さくなる組み合わせを見つければよい。

たとえば、期待リターン５％を目標としてみる。もともと期待リターンが５％であるソフトバンク株だけを買えば期待リターンはもちろん５％となるが、そこに期待リターン４％のトヨタ株と６％のソニー株を同率で加えても、全体の期待リターンはやはり５％を維持できる。そして、そのほうがリスクは小さくなる。そこで、トヨタ株とソニー株の組み入れ比率をともに少しずつ高めたり低めたりして計算していくと、やがて５％の期待リターンを達成するために最もリスクが低くなる投資比率が一つだけ求まる。これが「効率的なポートフォリオ」ということになる。図６の点Ｄがそれにあたる。

もちろん、目標とすべき期待リターンは投資家によって異なるだろうから、さまざまな期待リターン（縦軸）に対して、それぞれ最もリスクの低くなるポートフォリオを計算していく。そのようなポートフォリオは目標とする期待リターンの水準に対してそれぞれ一つずつ特定される。その効率的なポートフォリオのリスク値を結んだものが図６で曲線として示されている。

ちなみに、この曲線の下半分で点線となっている部分は、上のほうを見ると同じリスクで期待リターンがもっと高くなる組み合わせがある。同じリスクなら期待リターンが高いほうがよいに決まっているので、この点線部分は無視してよい。したがって投資家は、実線上の点の中からどれかを選べばよいということになる。この実線を**効率的フロンティア**と呼んでいる。

以上が、マーコウィッツのポートフォリオ選択理論の骨子である。その結論は、特定の銘柄だけに投資するよりも、期待リターンを一定に保ちながら複数の銘柄に分散して投資をしたほうが、同じ期待リターンに対してリスクが小さくなるということだ。一言で言ってしまえば、それは分散投資の勧めということになる。

分散投資は古くから知られる投資の知恵で、「複数の卵を同じカゴに入れてはいけない」という有名な格言でよく表現される。つまり、一つの銘柄に決め打ちするのではなく、できるだけ多くの銘柄に分散して投資すべきということだ。革命と評される割には、結論としては常識的なところに落ち着いたわけだが、マーコウィッツのポートフォリオ選択理論は、その古くからの投資の知恵を、数学を用いて、非常に明快かつ極めてエレガントな形で整理し直したものと言えるだろう。

期待リターンの計算を可能にするCAPMの登場

さて、以上の話の中で、トヨタ株やソフトバンク株、ソニー株の期待リターンについては、適当に数字を置いて話を進めてきた。具体的には、これをどのように求めればよいのだろうか。結局、「トヨタは安定していて、ソフトバンクは……」というような分析をしていかなければならないのだろうか。この点について明快な数理モデルを提示するのが、CAPMという理論である。

さらにこの理論は、分散効果を測るうえで重要な要素であった各銘柄の相関係数についても、簡単な解決策を提供してくれる。つまりCAPMの登場によって、マーコウィッツから始まったポートフォリオ選択に関する理論は一つの完成を見ることになるのである。

CAPM（Capital Asset Pricing Model）は、日本語では「資本資産評価モデル」などと訳されているが、ちょっといかめしい感じがしてピンとこないので、一般には英語の略称がそのまま使われる。読み方は、素直に「シーエーピーエム」と読んでももちろん構わないのだが、「キャップエム」と読むと少し通っぽい感じを醸し出すことができる。

CAPMは何人かの研究者がそれぞれ独自に開発したと言われているが、なかでもウィリアム・シャープが有名だ。ちなみに、マーコウィッツとシャープはともに1990年のノーベル経済学賞を受賞している。[1]

CAPMでは、**リスクフリー金利**と**リスクプレミアム**という概念が登場する。

リスクフリー金利は、リスクフリー資産、すなわちリスクのない安全資産で運用した場合の利回りで、要するにリスクを取らずに安全確実に運用したときに得られる最低限のリターンのことである。リスクフリー資産としては一般的に国債が代表例と考えられている。さらにもっと手軽なものとして、銀行預金も同様にリスクフリー資産として扱われることが多い（国債や銀行預金が本当にリスクフリーなのかについては、ここでは議論しないことにする）。これに対して、価格下落リスクを伴う株式や、発行体が倒産したら元本が満額で戻ってこない社債などはリスク資産である。

CAPMでは、市場が効率的であるとか、投資家は期待リターンやリスクについての共通の認識をもとに全員が分散投資をするとか、いくつかの前提が置かれているが、重要な仮定の一つとして、投資家はリスクを嫌うものと考えるという点がある。投資家がリスクを嫌うとすれば、株式などリスクのある資産に投資する場合に、そのリスクを取ることの見返りに追加的な期待リターンの上乗せを求めるはずである。その上乗せリターンが「リスクプレミアム」と呼ばれる。したがって、株式に投資するときの期待リターンは、次の式で表すことができる。

期待リターン　＝　リスクフリー金利　＋　株式リスクプレミアム

今の日本では国債の指標とされる10年国債利回りがほぼ０％、株式のリスクプレミアムの正確な値は分からないものの、統計的には４〜７％程度とされており、仮に真ん中をとって５・５％とすると、「株式の期待リターン＝０％＋５・５％＝５・５％」という具合になる。

さて、ここで投資可能なリスク資産全体の動きを忠実になぞるポートフォリオを考えよう。これを「市場ポートフォリオ」と呼ぶ。本来、リスク資産は株に限ったものではないし、日本市場に限ったものでもないのだが、話を簡単にするために、リスク資産を日本の東証一部上場株だけに限定して考えてみる。その場合、市場全体の動きを表すと考えられるのが、時価総額加重平均型の株価指数である東証株価指数（ＴＯＰＩＸ）だ。つまりこの場合、ＴＯＰＩＸに忠実に連動するポートフォリオが市場ポートフォリオということになる。

トヨタなど個別の銘柄の動きは、このＴＯＰＩＸの変動の一部を構成しているものであるから、両者は何らかの割合で連動している。その一方で、ＴＯＰＩＸは上昇しているのにトヨタ株は下がっている、というようなバラバラの動きをする場合もある。そこで、個別銘柄の株価変動は、ＴＯＰＩＸに連動する動きと、それとは関係のない個別要因による動きが合わさって起きていると考える。

後者のＴＯＰＩＸに連動しない部分は、すべての銘柄の動きを合わせるとＴＯＰＩＸに一致するわけだから、市場ポートフォリオでは最終的にすべて互いに打ち消し合って相殺されていることになる。相殺されずに残るのは、前者のＴＯＰＩＸに連動する部分だけだ。

このＴＯＰＩＸに対する個別銘柄の連動具合を**ベータ**[2]**（β）**と呼ぶ。このベータを用いると個々の株の期待リターンは、次のように割り出せるはずである。

リスクフリー金利　＋　β　×　市場ポートフォリオ（ＴＯＰＩＸ）のリスクプレミアム

こうなる理由は以下のように説明できる。リスクプレミアムは、投資家がリスクの大きさに応じて要求するものだ。しかし、市場ポートフォリオに投資すれば、各銘柄の動きのうち個別要因によるものは打ち消されるのだから、残るのは市場ポートフォリオに連動する部分のリスクのみとなる。であれば、リスクプレミアムは市場ポートフォリオに連動する部分にだけ上乗せされていればよい。これが、CAPMの結論である。

さらに付け加えると、CAPMでは各銘柄がベータの割合で市場ポートフォリオと連動しているので、そのベータを通じてすべての銘柄の間にも一定の相関関係が生まれることになる。つまり、各銘柄のベータさえ分かれば、A社とB社の相関はいくらで、B社とC社の相関は……、などと延々と考えていかなくても、簡単に各銘柄の相関関係を計算できるようになる。

CAPMは、投資家全員がポートフォリオ理論を学んで分散投資をするはずだ、などとかなりいろいろな前提条件を置いて強引に導き出したものなので、現実に成り立っているかどうかについては疑問の声が強い。それでも、漠然と数字を置くことしかできなかった期待リターンや各銘柄の相関関係が、統一的な理論式で計算できるようになったわけだ。必ずしも100%正しくなかったとしても、それは大きな前進である。

CAPMには、もう一つ重要な結論がある。市場ポートフォリオでは、期待リターンはあくまでも各銘柄の期待リターンの加重平均となるが、銘柄固有のリスクは相殺されて消えている。残ったリスクは、ベータで表される市場ポートフォリオに連動する部分であり、分散投資ではこれ以上減らせないリスクだ。つまり、市場の期待リターンの平均を、最も小さなリスクで手にできるポートフォリオと考えられる。

市場ポートフォリオに対して、ある銘柄の比率を上げて、別の銘柄の比率を下げるというような調整を加えても、リスクに対するリターンの比率はそれ以上改善しない。要するに、市場ポートフォリオこそは最も効率的なポートフォリオということになる。ならば、誰も彼も市場ポートフォリオに投資すればよいはずである。

もちろん人によって、リスクの選好度は違っているはずだ。リスクを取りたがらず、したがってリスクの大きい株式に資金を大きく振り向けたくないという人もいれば、積極的に株のリスクを取りにいこうとする人もいる。誰もが同じポートフォリオに投資すればよいとしたら、そうしたリスク選好度の違いはどのように反映されることになるのだろうか。

この点に関しては、**トービンの分離定理**[3]というものがあって、すべての人はリスクフリー資産と市場ポートフォリオの組み合わせで投資をすればよい、という理論が用意されている。それによれば、リスク選好度の高い人は市場ポートフォリオの比率を高くし、リスク選好度の低い人はリスクフリー資産の比率を高くすれば問題解決だ。どちらの人も、比率は違うが、リスク資産としては市場ポートフォリオだけに投資すればよい。

リスク資産を東証一部上場株だけ、リスクフリー資産を銀行預金だけという前提で考えれば、すべての投資家は銀行預金とＴＯＰＩＸに連動する株式ポートフォリオの二つだけを組み合わせて、あとは自分のリスク選好度に応じてその比率を調整しさえすればよいという何とも簡潔な結論が導かれることになるのである。

ポートフォリオ理論の衝撃とインデックスファンドの登場

第1章では、ランダムウォーク理論が投資家や金融業界から大きな反発を受けてきたことに触れた。マーコウィッツやシャープによって確立されたポートフォリオ理論も、まったく同様だった。とくにＣＡＰＭは、理論が成り立つための前提条件がかなり厳しく仮定されているため、現実的ではないという批判が常に付きまとう。ただ、それ以上に大きな反発を受けたのは、これらの理論が〝プロによる目利き〟という運用業界の存在意義を真っ向から否定したことにあるだろう。株価指数に連動するように機械的に運用すればよいだけであれば、プロの目利きなど必要なくなるからだ。

一般に、投資家の多くは自分で投資する銘柄を選ぶことが難しいだろうから、その道のプロであるファンドマネジャーに資金を預け、彼らに資金を運用してもらうべきとされる。それが、運用業界がかなり高い手数料を取る根拠となっている。銘柄選定には高度なスキルや特別な知識が必要で、誰にでもできるわけではない。だから、選りすぐりの敏腕ファンドマネジャーが腕を振るって投資銘柄を選定するファンドは、高い手数料を払ってでも購入する価値がある。これが多くの運用会社の存在意義そのものなのだ。

これに対してTOPIXのような株価指数に連動するように運用するだけなら、「トヨタの業績は……」などという分析や予測は必要ない。現実には、いかに低コストでTOPIXに連動する運用成績を実現できるかという技術的な論点はあるものの、運用そのものは機械的に行われるので、高年収のファンドマネジャーやアナリストを雇わなくて済む分、手数料は大幅に安くなるはずだ。しかも、それがどんな投資家にとっても最も適切な運用だというならば、こちらのほうがますますよい。

ちなみにファンドマネジャーが銘柄を選定するファンドは**アクティブファンド**と呼ばれ、これに対して株価指数に連動するように機械的に運用されるファンドはパッシブファンドとか、指数（インデックス）への連動を目指すという意味で**インデックスファンド**と呼ばれる。

もともとファンドといえばアクティブファンドしか存在しなかったのだが、CAPM

による「株価指数に連動する運用が一番効率的だ」という主張から、実際にインデックスファンドという商品が生み出されていくことになる。それが運用業界にまさに革命的なインパクトをもたらすのだった。

マルキール、エリス、ボーグル～
インデックスファンド革命の伝道師たち

1973年は金融の歴史で重要な年であることはすでに述べたが、投資関連本で名著中の名著とされるバートン・マルキール[4]の『ウォール街のランダム・ウォーカー』（邦訳・日本経済新聞出版社）が出版されたのもこの年である。この本の中には、後年、さまざまな場所で語り継がれることになる有名なたとえ話がある。

壁にウォールストリート・ジャーナル紙の株式欄を貼り、それに目がけてサルにダーツを投げさせる。そして、刺さったところにある銘柄でポートフォリオを構成するのだ。その銘柄を選んだことによる効果は〝当たるも八卦、当たらぬも八卦〟といったところだ。だが、人間のファンドマネジャーが運用するアクティブファンドは、結局このサルのダーツ投げファンドと何ら変わりはない。

高学歴で高給取りのファンドマネジャーをダーツ投げができるサルにたとえたのだから、当然に反響は大きかった。ところが、マルキールも示している通り、さまざまな実証研究の結果は、おおむねマルキールのたとえ話を裏づけているのである。

ファンドマネジャーの平均的な成績は、調べる市場や時期によって結果は多少違うものの、大体において市場平均を若干下回る。下回っている理由は、ファンドマネジャーは頻繁に売り買いするので、その分の取引コストがかさんでいるものと考えられる。もちろん中には素晴らしい成績を収める者もいるが、まったくダメな者もいる。そして、その成績の分布は、正規分布に近い形で適度にばらついている。それはランダムウォーク理論が予測する結果に非常に近い。さらに言えば、市場ポートフォリオが最も効率的なポートフォリオだという理論の主張とも整合的である。

ファンドマネジャーは高い手数料を取るので、一般投資家の手取りはさらに減る。それなら、恐らくそれほど高い手数料を要求しないだろうサルのダーツ投げにすべてを任せるほうが合理的ではないだろうか。

もちろん、ダーツ投げをするサルに手数料を払おうとする人間は実際にはいないだろうから、もっと現実的な回答としては、「高い手数料を払ってアクティブファンドを購入するよりも、手数料の安いインデックスファンドを購入するほうが合理的だ」ということになるだろう。[5]

マルキールの本に次ぐ投資関連本の名著として、チャールズ・エリスの[6]『敗者のゲーム』（邦訳・日本経済新聞出版社）を挙げる人は少なくないだろう。エリスの主張もマルキールに通じる。人が良かれと思って売買を繰り返すごとに投資の期待リターンは減っていく。それは、経験を積んだファンドマネジャーでも変わらない。投資は、いかにうまく相場を当てるかというよりも、いかにミスを最小化するかというゲームなのだ。それがエリスの言う敗者のゲームということである。だから、高い手数料を取られたうえにファンドマネジャーのミスが積み重なるアクティブファンドよりも、インデックスファンドに投資したほうがよい。

どちらも、ランダムウォーク理論や効率的なポートフォリオの考えに基づき、インデックスファンドの有利性を主張するものである。その主張のすべてを受け入れるかどうかはともかくとして、「こうすれば儲かる」とか「私はこれで儲けた」というようなキャッチーな本ではなく、「相場は予測できず、それはファンドマネジャーにとっても同じなのだから、インデックスファンドを買うべし」という何とも夢のない結論を導くこれらの本が数十年にわたって評価され、売れ続けているところに、私は何とも言えない奥深さを感じるのである。

そう、キャッチーな本は投資の本質を必ずしも伝えていない。マルキールやエリスのほうが、時を超えて通じる本質に迫っているということではないだろうか。

さらに言えば、マルキールやエリスの著作は、単に長く売れ続けるベストセラーと言うにとどまらない。それは「インデックスファンド革命」とでも言うべきものの一部なのである。

ここで、インデックスファンドのもう一人の伝道師の名を挙げるべきだろう。ジョン・ボーグルという人物だ。彼は、高手数料のアクティブファンドよりも低手数料のインデックスファンドのほうが優れているという考えをもとに、実際にインデックスファンドをメインに運用するまったく新しい運用会社バンガードを立ち上げた。そして、1975年、インデックスファンド第一号を世に問うのである。

ジョン・ボーグル
（John C. Bogle／1929〜）

ボーグルの挑戦は見事に実を結ぶ。インデックスファンドを武器に、バンガードは世界最大級の運用会社にまで成長したのだ。ファンドを購入する一般投資家は、インデックスファンドを受け入れたのである。そして、インデックスファンドは今や、バンガードのみならず世界中の運用会社が手掛ける有力な運用商品となっている。

マルキールやエリスの主張にアクティブファンド・マネジャーたちがいかに反発しようとも、ボーグルのインデックスファンドを継続的に上回る成績を実際に残せなければ、ファンドマネジャーは存在意義を失う。そして、実際に多くのファンドマネジャーたちが、ボーグルが起こした革命の前に敗れ去っていくのである。

もちろん、今でもアクティブファンドはなくなっていない。しかし、インデックスファンド革命後のアクティブファンド・マネジャーは、それまでのようにただ漠然と運用したり、ポートフォリオ理論を机上の空論と切り捨てたりすることが、もはやできなくなった。自分の投資手法がなぜインデックスファンドよりも優れているのか、なぜ高い手数料を取っているのかを合理的に説明できなければ、自分の存在意義を示せなくなったのである。

逆説的ではあるが、アクティブファンドを否定するインデックスファンド革命が起きたからこそ、米国ではアクティブファンドのマネジャーたちが鍛えられ、運用業界全体のレベルが大きく引き上げられたのではないかと思う。次に登場するバフェットをはじめとして、ランダムウォーク理論やポートフォリオ理論で説明のつかない成功を収めた投資家たちも、そうした理論の存在なしで生まれえたかどうかは大いに疑問なのである。

伝説的投資家バフェットによる反論

1970年代に、現代ファイナンス理論は大きな力を得て、数々の反発をよそに次第に支持を集めていく。紆余曲折はあるものの、この流れは2008年のリーマン・ショック[7]まで、底流としてずっと続いていたように思う。そうした中で、本当は一つの仮説にすぎなかった効率的市場仮説は、現代ファイナンス理論を支える背景として、次第に、ありとあらゆる局面で常に成り立っている絶対の真理であるかのように扱われることが多くなっていった。

そんな中で、今でも語り継がれる討論会が1984年にコロンビア大学で行われた。

ウォーレン・バフェット
(Warren Edward Buffett／1930〜)

登壇者は、効率的市場仮説派の論客であるマイケル・ジェンセン[8]と、すでに伝説的投資家の仲間入りを果たしていた「オマハの賢人」ウォーレン・バフェットだった。ちなみに、この討論会は、バフェットの師匠でもあるベンジャミン・グレアムがデビッド・ドッドとの共著で、1934年に不朽の名作とされる『証券分析』（邦訳・パンローリング）を出版してから50周年の記念式典として開催されたものだった。

ちなみにバフェットは、ネブラスカ州オマハで生まれ、名門コロンビア大学ビジネススクールでベンジャミン・グレアムに学んだ。若いころから株式投資で目覚ましい成績を上げ、やがて繊維会社だったバークシャー・ハサウェイを買収すると、それを投資持株会社に仕立て直した。現在、米国有数の企業となったバークシャー・ハサウェイの総帥であり、世界最大級の億万長者となっている。一方で、どんなに金持ちになっても、オマハに住み続け、マクドナルドのハンバーガーを愛し、旧式のフォードのピックアップトラックに乗り続けるような人物でもある。

その投資手法は広く知れ渡っているが、要はポートフォリオ理論の結論を無視したやり方と言ってよい。長期的に安定した利益成長が期待できる優良企業を探し、値段が下がったところでそれらの企業の株を買う。そして、その企業が優良と評価できる間は株を保有し続ける。選び抜かれた銘柄だけに投資をし、必要以上に投資先を分散させない。優良割安株投資（バリュー投資）、超長期投資、非分散投資が、バフェットの投資手法のキーワードだ。

彼の投資歴は1950年代の前半から始まっていて、現時点ですでに60年を超えている。その間の平均投資リターンは20％代前半と言われているが、これはどのくらい凄いものなのだろうか。

仮に年平均リターンを22％としてそれを60年続けると、当初の元本は約15万倍になる。興味深いのは、年平均リターンがわずかに１％上がって23％となると、その倍率は約25万倍にまで跳ね上がるということだ。長年続けることで、ちょっと信じられないくらい大きな成果がもたらされる。そして、わずかな利益率の差は、時間が経過することで、とてつもなく大きな差になる。これが〝複利の魔法〟ともいわれる効果である。

それはさておき、米国の株価は、過去60年でおよそ年平均７〜８％上がっている。これはその間に株主に支払われた配当を無視した数字なので、それを含めればもっと高い数字になるだろう。バフェットの成功は、部分的には米国の株が上がり続けてきたことに支えられている。

ちょっと単純化して、バフェットの成功を確率計算してみよう。米国の株式投資の平均リターンを10％、その標準偏差を20％、バフェットの年平均リターンを22・５％とする。ランダムウォークを仮定すると、１年間でバフェット級の成績を収める確率はほぼ４人に１人程度となる。どうだろう。あまり大した数字ではないと言えそうだ。これならダーツ投げの得意なサルを１００匹集めれば、そのうちの20数匹は達成できる程度の成績である。

だが、これを60年続けるとなると話はまったく違ってくる。ほぼ1億人に1人である。[9] バフェットの成績はやはり飛び抜けたものと言ってよい。ジェンセンとの討論の当時は、まだそのキャリアの半分くらいの時点ではあるが、それでもかなりの実績と言えた。

とはいっても、この証拠だけでランダムウォーク理論を間違いであると決めつけることもまた難しいのである。1億分の1の確率は、絶対に起きないと断言できるほどのものではない。サンプル数が十分に大きければ、すなわち投資家の数がとても多ければ実際に起きうるのである。そのたった一つの証拠だけでランダムウォーク理論を否定しようとしても、相手がジェンセンなら簡単に論駁されてしまうのが落ちだ。

もちろん、バフェットは「自分が凄い成功をしているのだから理論は間違いである」などという単純な反論をしたのではない。実際にこのときバフェットが行ったジェンセンに対する反論は、実に洗練されたものだった。

偶然の結果として、一握りのサルが好成績を収めることはよく分かる。でも、好成績を収めたサルの多くが、同じ森にすむサルだと分かったらどうだろう。すべてがランダムに決まっているのなら、好成績を収めたサルのすむ森はあちこちに散らばっているはずだ。でも現実がそうでないとすれば、その好成績には何らかの理由があるはずであり、すべては偶然のなせる業だとするランダムウォーク理論を疑うのに十分な根拠となる。そして実際に、同じ森出身のサルたちが継続的に好成績を収めている確かな証拠がある。そのサルたちを育んだ森こそグレアム＝ドッド村なのだ、というのである。

グレアム＝ドッド村に住むサルとは、ベンジャミン・グレアムとデビッド・ドッドが唱えたバリュー投資を実践する投資家たちのことであり、バフェット自身もそのうちの一人である。

見事な反論ではないだろうか。バフェット一人の成績だけでランダムウォーク理論を突き崩すのは難しい。でも、同じ手法をとる複数の投資家が一様に好成績を収めているとしたら、それはランダムウォーク理論に対する重要な反証となりうる。ジェンセンがこのバフェットの反論をいったいどのような表情をして聞いていたのか、大変興味深いところである。

大御所ファーマも
ついにアノマリーの存在を認める

グレアム＝ドッド村出身のサルばかりが、なぜよい成績を収めるのか。そこには、従来の理論では説明できない何らかの原因があるはずである。

投資の世界では、常に勝者と敗者が生まれる。だが、それは単に偶然によるものであるというのがランダムウォーク理論の示唆するところである。どんなに鍛錬を積んだベテランの投資家が洗練された手法で投資しても、まったくの素人が行き当たりばったりの思いつきで投資したとしても、投資の真の実力を示す期待リターンそのものには差は生まれない。だから、短期的に好成績を収めることは運次第で誰にでも可能だが、それは長期的には続かない。つまり、ランダムウォークを核とする標準的なファイナンス理論では、「どんなやり方でも市場平均を長期的にアウトパフォームし（運用成績が上回り）続けることはできない」という結論になるのだ。

だが、現実に特定の手法が継続的に好成績を収めているとしたら、それは運だけによるものではなく、どんな手法でも変わらないとされている期待リターンが何らかの理由で高くなっている可能性が高いと考えるべきだろう。このように、理論（主にCAPM理論）では説明できないけれども、特定の手法の期待リターンが高くなることを**アノマリー**と呼ぶ。アノマリーとは、原則から逸脱する例外的な事象や、説明できない特殊事例のことを指す言葉だ。

実際には、何らかの手法が良い成績を残したからといって、それが偶然によるものなのか、それ以外の何らかの要因によるものなのかを厳密に区別することは難しい。それでも、長期的に市場平均を上回る成績を残す事例が多く見られる割安株投資は、アノマリーとしてかなり有望なものと言ってよいだろう。

アノマリーが存在するとすれば、それは標準的なファイナンス理論が完全ではないことを示唆する。それでも効率的市場仮説派は、次のように主張する。たとえアノマリーが一時的に発生しても、収益機会を血眼に探している投資家たちがそれを次々と見つけ、そこから収益を上げようと殺到するので、すぐにアノマリーは消えるはずだ。だから、継続するアノマリーは存在しないはずである、と。

この主張には重要な論点が含まれている。市場は最初から、つまり市場であるというだけで自動的に効率的になるわけではないのだ。賢明で、そして欲深い投資家が大勢しのぎを削ることでアノマリーが消えていき、その結果として効率的になっていく。つまり、十分に整備され、数多くの投資家が自由に参加する市場であれば、効率化へと向かう内なるメカニズムが働くことになる。

だからといって、市場がその機能を増していっても、完全に効率的になることは現実的には考えられない。市場が完全に効率的になってアノマリーが消えれば、もはやどんなに賢明な投資家が努力を重ねても偶然以外の要因で利益を上げることはできなくなる。

そうなると投資は、知力を注ぐ場所ではなく、単なる賭博場と化してしまう。知力や努力を注ぐことで対価を得られない賢明な投資家たちは市場から退場していき、そうすると市場は効率性を失って再びさまざまなアノマリーが生まれることになる。

市場が効率的かそうでないかの論争は、白か黒かの二元論に陥る傾向があるが、現実の市場には、効率化へ向かう力と、完全な効率化を阻む壁がともに内在している。そうだとすると、特定のアノマリーはいずれ消えるかもしれないが、すべてのアノマリーがなくなることはない。

こうして、アノマリーという名の金融市場における宝探しの競争が始まった。面白いことにアノマリー探しは、アンチ効率的市場仮説派だけの専売特許ではなかった。効率的市場仮説の主唱者であるファーマは、実証分析を重視する人物でもあった。彼もまた、一時シカゴ大学で同僚であったケネス・フレンチとともにデータ分析を進め、ついにアノマリーの存在を認めることになる。アノマリーの多くは現れては消える。そこまでは効率的市場仮説とアノマリーの折り合いをつけることは可能だ。だが長年にわたって消えずに残るアノマリーが、わずかだがあるらしい。

1993年、二人は「ファーマ＝フレンチ・モデル」なるものを発表した。これはCAPMの拡張版とも言えるもので、株式の期待リターンは、（1）CAPMが予測する市場ポートフォリオのリスクプレミアムから生まれるものに加えて、（2）小型株効果、（3）割安株効果からももたらされるとしたのだ。期待リターンの水準を決定する要因が三つあるので、これを**ファーマ＝フレンチの3ファクターモデル**と言う。[10]

このうち（2）と（3）がアノマリーである。とりあえず理由はともかくとして、時価総額の小さな小型株は、長い目で見るとリターンが高くなる傾向がある。ＰＢＲ（株価純資産倍率）[11]が低い割安株も同様だ。したがって、こうした銘柄を好むファンドマネジャーは比較的高いリターンを上げることが多い。これで、グレアム＝ドッド村のサルたちが好成績を上げていることも一応は説明できる。

ちなみに、ファーマ＝フレンチ・モデルの応用版として、ファクターをもう一つ増やした4ファクター版なども提唱されている。4ファクター版で四つ目のファクターとされるのは、**モメンタム効果**と呼ばれるものである。モメンタムは相場の勢いを意味する言葉で、モメンタム効果とは、相場がいったん上昇または下落のトレンドに乗ると、それがしばらく続く可能性が高いことを表す。だから、上がった株を買い、下がった株を売ることでリターンを得やすくなる。

人によって有効とされるアノマリーにはいろいろあって切りがないのだが、もう一つだけ付け加えると、モメンタム効果とはまったく逆のアノマリーが存在するという考えもある。相場が上昇すると次は下がりやすくなり、下落すると次は上がりやすくなる、というものだ。これは**リターンリバーサル効果**と呼ばれている。正反対のアノマリーが存在するとしたら、いったいどちらを信じればよいのか分からなくなるが、その話はまた第6章で触れることにしよう。

さて、ファーマ＝フレンチ・モデルや4ファクターモデルは、CAPMの欠陥を補う拡張モデルとして位置づけられる。もともとCAPMが成り立つためにはかなり厳格な前提条件を想定する必要があるので、「CAPMは現実的ではない」という批判は強かった。拡張モデルは、それをより現実に近づけたものと言える。ただ、最も重要な理論の骨格部分は変わっていない。それは、期待リターンは何らかのリスクを取る対価としてのみ上乗せすることができるものであり、リスクを取らずして期待リターンのみを引き上げることはできないということである。これを**裁定価格理論**[12]という。

「裁定（アービトラージ）」というのは、第6章で詳しく取り上げるが、要するに「リスクを取らずにリターンだけを得る」ことを指す。だが、もしそんなことが可能なら、誰もがそうしたがるので、結局そのような機会は消滅するはずである。結果として、リスクフリー金利以上の期待リターンは、常にリスクの対価としてもたらされる、という結論が導かれる。

この裁定価格理論によれば、「リスクなしで高利回り」を謳う金融商品などいかさまにすぎないことになる。この考え方は恐らく、現代ファイナンス理論から学ぶべき最も重要で、最も有益なものの一つと言えるだろう。

第5章で見るように、アノマリーの説明には、このような裁定価格理論とは別の心理学的観点から行動ファイナンスによる説明もなされている。そちらのほうがより適切であると考えられる部分も多いのだが、いずれにしてもファーマ＝フレンチ・モデルは裁定価格理論の枠内でアノマリーを扱えるようにしたのである。それは、使い勝手の良さも相まって、次第に運用業界などで広く使われるようになっていく。

ちなみに2017年5月に、ウォール・ストリート・ジャーナル紙にアノマリーに関する実証研究の結果に関する記事が掲載された。その研究はすでに提唱されていた447ものアノマリーのその後の統計的有意性を検証したものだった。さまざまな研究者がアノマリー探しをした結果、そんなにも多くのアノマリーが〝発見〟されていたというわけだ。しかし記事によると、そのほとんどは統計的優位性をもたなかった。つまり、当初はアノマリーだと思われていたものも、実際にはそうではなかったか、あるいは、そののちに消滅してしまったことになる。

これは、アノマリーが生まれては消えていくという市場の構造を示唆する結果とも言える。だが、いくつかのアノマリーは、広く知られるようになってからも存在し続ける。ファーマ＝フレンチ・モデルのファクターも、基本的にはそういう類いのアノマリーなのだと思われる。その〝消えないアノマリー〟の背景については、第5章で詳しく見ていくことにしよう。

さて、2008年の金融危機の後、効率的市場仮説が激しい非難にさらされるようになると、その主唱者としてファーマはとくに攻撃の対象となった。ファーマは2013年に遅ればせながらノーベル経済学賞を受賞したのだが、そのときにはアンチ効率的市場仮説派が大きな力を得ていた。ファーマは、間違った理論を提唱していた過去の人物という受け止め方をされるようになっており、効率的市場仮説の顔であったファーマを批判しさえすればスマートな論説であると受け取られるような雰囲気さえあった。

ただファーマは、ファーマ＝フレンチ・モデルに見られるように、理論だけを追求する頭でっかちの人物では必ずしもない。現実のデータに合う理論モデルを探求するという姿勢を貫いた人物なのだ。たとえばファーマ＝フレンチ・モデルは、なぜアノマリーが発生するのかについての説明が十分でないとはいえ、現実の相場を考えるうえではなかなか有益なモデルではないかと思う。

この理論モデルが提示する市場は、次のような姿である。

市場における相場変動は基本的には予測できないため、特定の手法で継続的に市場平均をアウトパフォームすることはかなり難しい。ただ、勝てるやり方がまったく存在しないわけではない。ごくわずかにランダムな市場変動という以外の要因で動いている部分が市場にはあり、そこを的確につくことによって、長期的には市場平均を上回る成績を残せる可能性が生まれる。

モデルの含意であるこうした市場の見方は、とても現実的で有意義なものと私には思われるのである。

ポートフォリオ理論とバフェット、どちらに学ぶべきか

さて、本章で紹介したポートフォリオ理論と、伝説的投資家バフェットの投資手法は相反するものである。我々は、いったいどちらに耳を傾けるべきなのだろうか。

標準的なファイナンス理論に対するバフェットの反論は説得力をもち、しかも圧倒的な実績がそれを裏づけている。バフェットの考えに耳を傾けることによって、我々は市

場についてより深く理解できるようになるはずだ。ここまでは間違いない。だが、誰もがバフェットを見習えばよいかというと、そんなに単純なものでもない。

バフェットは非常に有名で、その投資手法や考え方に関する本は、公認・非公認を含めて数多く出版されている。これほど広く知れ渡っているのに、なぜ第二、第三のバフェットは現れないのか。

もちろんバリュー株投資によって成功を収めたグレアム＝ドッド村のサルは少なからずいる。バフェット級とまでは言えなくても、第二、第三のバフェットと言える投資家は存在していると考えることもできるのかもしれない。それでも、考え方や手法が広く知れ渡っている割には、それに基づく成功者の数はあまりにも少ないように思える。

恐らくその最大の理由は、バフェットの考え方に基づく割安株への超長期投資を実践しようとしても、実際にはそれを貫徹することが難しいからだと思う。人は言うこととやることが違う生き物だ。こうやればよいと分かっていても、それを長期間にわたって実践し続けられるかは別問題なのである。この点については、第5章で詳しく取り上げる。

これに対して、ポートフォリオ理論はどうだろう。この理論が教えるところは以下のことだ。

投資する対象は、できるだけ分散させたほうがよい。さらに言えば、自分で銘柄を選んだり、ファンドマネジャーに一任したりするより、低コストで市場平均に追随するインデックスファンドに投資するほうがよい。現在ならば、より低コストで、いつでも売買できる指数連動型ETF（上場投資信託）[13]もあるので、それに投資することでももちろんよい。判断すべきは、自分の財力や収入の状況からどこまでリスクを取れるかという一点だけである。あとは、銀行預金とインデックスファンド（もしくはETF）の比率だけを適切に保てばよい。

このような手法が、バフェットのようなケタ外れの大成功をもたらしてくれるとは考えにくい。だが、非常に健全で、まっとうなやり方と言えるだろう。リスクはある程度に限定されるし、うまくいけば結構な利益を得られる。リスクを一定に抑えつつ長期的な資産形成を目指すなら悪くない方法だ。

ポートフォリオ理論によれば、投資先は日本だけでなく海外にも広げるほうがさらによいだろうし、株だけでなく債券等も選択肢に入ることが望ましい。そう考えて投資対象を広げていくと、それらの組み合わせ方をどうするか迷うことが多くなるかもしれない。そのときにこそ、専門家のアドバイスが必要となる。もっとも、人間のアドバイザーは手数料が高いので、近年話題となっているロボット・アドバイザーを利用する手もある。

ロボット・アドバイザーとは、ネット上で簡単なアンケートに答えると、それに合わせた投資戦略をアドバイスしてくれたり、自動運用してくれたりするサービスだ。実は、このロボット・アドバイザーには、ポートフォリオ理論に基づく分散投資のロジックが組み込まれているのである。

「ロボット」というと、今はやりの人工知能と結びつけて何か凄いことをやってくれそうな印象があるかもしれないが、実際には相場の先行きを予測してくれるわけでも、秘密のおすすめ銘柄を教えてくれるわけでもない。詳細については各社なりの工夫があるだろうが、基本的にはポートフォリオ理論に基づいて、投資家のリスク選好度に合わせて最適化された分散投資のポートフォリオを提案してくれる、というものだ。投資対象も基本的にＥＴＦかインデックスファンドに限られる。

そういう意味で実は全然目新しくはないのだが、ロボットによる自動化によって低コストでアドバイスを受けられるなら、その有用度は決して低くない。

こうして見ると、ポートフォリオ理論は、実際の役には大いに立っているように思える。ポートフォリオ理論が１００％完全な理論でないことは、バフェットの反論を見るまでもなく明らかだろう。ただし、その示唆することは、多くの投資家にとって非常に有益なアドバイスをもたらしてくれる。そのアドバイスに従うことは、金融機関の勧誘に素直に従ったり、カリスマ投資家の手法をただ真似たりするよりも、恐らくほとんどの人に良い結果をもたらすだろう。

理論が完全であるかどうか、魅力的であるかどうか、どれだけ説得力のある反論があるかどうかと、理論から有益な結論を導き出せるかどうかは、まったく別の話なのである。

【脚注】

1…この1990年のノーベル経済学賞では、企業金融分野で有名なモディリアーニ＝ミラー定理（MM理論）に貢献したマートン・ミラーも共同受賞をしている。MM理論は、ファイナンス理論の中でも重要理論として位置付けられているが、本書で扱うテーマとは直接の関係が薄いので、詳細には踏み込まないでおく。ちなみに、MM理論の主唱者であるフランコ・モディリアーニは、1985年にノーベル経済学賞を受賞済みである。

2…具体的には、「ある銘柄と市場ポートフォリオの共分散 ÷ 市場ポートフォリオの分散」によって計算される値である。これは、両者の相関係数にボラティリティ（標準偏差）の比率を掛けたものに等しい。

3…やはりノーベル経済学賞受賞者（1981年）のジェームズ・トービンによって唱えられた。

4…のちにプリンストン大学、エール大学教授。すぐあとに出てくるインデックスファンドを開発した運用会社バンガードの社外役員にもなっている。

5…『ウォール街のランダム・ウォーカー』の初版が出版されたときには、まだインデックスファンドは存在していなかった。マルキールはその点について、そのうちにできるようになるという趣旨を述べたが、実際にそれは２年後に実現することになる。

6…投資コンサルティング会社、グリニッジ・アソシエーツの創業者。『敗者のゲーム』初版は１９８５年に刊行された。

7…ちなみに、リーマン・ショックは和製英語である。英語では時期を明示したうえでそのまま「金融危機（the financial crisis)」あるいは「世界金融危機 (the global financial crisis)」などと呼ぶことが多い。サブプライムローンのバブル崩壊に焦点を当てる場合には、「サブプライム住宅ローン危機 (the subprime mortgage crisis)」などと呼ぶ。

8…当時、ロチェスター大学教授。のちにハーバード大学ビジネススクール名誉教授。シカゴ大学大学院でマイロン・ショールズと同級であり、ショールズにフィッシャー・ブラックを引き合わせたのがマイケル・ジェンセンであった。

9…上記の数値をもとに対数正規分布から計算。第４章で見るように（対数）正規分布の仮定が正しくなければあまり意味のない数字となるが、いずれにしても滅多に起きないことだけは分かる。

10…ファーマは、あくまでも期待リターンは何らかのリスクを負担することによって得られるという立場を維持しており、アノマリーもその範疇で捉えている。したがって、アノマリーが投資家の不合理性から生じると考える後述の行動ファイナンスとは立場を異にしている。

11…割安株を判定する基準にはいくつかあるが、ＰＢＲはその代表的な指標。

12…裁定価格理論はＣＡＰＭへの批判から生まれた後継理論と位置づけられる。ただし、裁定価格理論はＣＡＰＭを包含する包括的理論であり、ＣＡＰＭは裁定価格理論の特殊な一例であると捉えるべきであろう。

13…普通の投資信託は証券会社や銀行などから個別に購入するのに対して、ＥＴＦは取引所で誰でも自由に売買できる投資信託である。

第3章
金融工学が生んだリスク管理の限界と新たな危機

名門JPモルガンのたたき上げトップが生み出したVaR

「銀行ビジネスとは、リスク管理そのものである」と喝破したのは、1990年から1994年まで米国の大手名門金融機関JPモルガンのCEOを務めたデニス・ウェザーストーンである。

前にも触れた通り、金融市場におけるリスクには、単に損失が生まれる可能性という以上の意味がある。ランダムウォークを仮定すれば、相場の変動は利益を生み出すかもしれないし、損失を生み出すかもしれない。上がるか下がるかを断定的に予測することはできないのだから、利益と損失のどちらが生まれるかを事前に判別することはできない。利益を生む可能性と損失を生む可能性は同じものの裏表であり、決して切り離すことができないのである。

だからリスク、すなわち損失の可能性を抑制すれば、それは利益の可能性を失うことを意味する。利益の可能性を追求すれば、必然的にリスクが生まれる。そう考えると、リスクは抑制すべきものなどではなく、適切にとらなければいけないものだということになる。破滅的な結果が起きる可能性を避けつつ、その範囲で自分がコントロールできるリスクを果敢に取っていく。

デニス・ウェザーストーン
(Dennis Weatherstone／1930〜2008)

もしリスクというものが、さまざまなルールを決めて単に抑え込みさえすればよいものであれば、リスク管理は事務的な管理業務となる。だが、どのようなリスクをどのくらい取るのが適切かを判断するのであれば、それはまさに経営判断そのものだ。ウェザーストトーンの言葉には、そんな意味が込められている。

彼は、日本の大手金融機関のトップではちょっと考えられない経歴の持ち主だ。そもそもJPモルガンは米国の名門企業だが、彼はアメリカ人ではなくイギリス人だし、高学歴のエリートとは程遠いたたき上げの人物なのだ。

ウェザーストーンは、ロンドンの労働者階級の出身である。第二次世界大戦後間もないころ、わずか16歳でギャランティ・トラスト銀行という米国系の銀行のロンドン支店で下級の事務職として働き始めた。働きながら夜学に通った後、一時軍務に就くために銀行を離れ、そののちに復職して今度は為替のディーラーとなった。とはいっても、当時は固定相場の時代であり、為替のディーラーが市場取引部門の花形となる何年も前のことである。

彼が務めていたギャランティ・トラストはその後モルガン銀行に買収され、モルガン・ギャランティ・トラスト銀行となった。これがJPモルガンの前身である。

要するにウェザーストーンは被買収企業の非エリート職員でありながら、ついに名門JPモルガンのトップにまで上り詰めたのだった。先の言葉も、そんな現場で鍛え上げてきた彼の生々しいビジネス感覚から生まれてきたものであり、決してきれいごとのお題目ではない。その証拠に、彼はトップになると、スタッフに「毎日夕方4時15分までに当日のリスクの状況を数値化してレポートする」ことを求めたのだ。

リスクの計量化方法として確固たるやり方が定まっていなかった当時にあって、その要求は明らかに無理難題ではあった。だが、銀行ビジネスの本質がリスク管理にあるとすれば、そのリスクの状況をできるだけリアルタイムで、より具体的に把握することを求めるのはある意味当然と言える。そして、この無理難題を実現するために生み出されたものが、**バリュー・アット・リスク**、通称ＶａＲ（バー）と呼ばれるリスク計測手法だった。それは、金融工学という現代ファイナンス理論の粋とも言える理論体系を駆使して作り上げられたものだった。

ちなみに、ＶａＲなどのリスク計量化手法は銀行を中心に発展してきたものであるが、そのエッセンスは投資家においても変わらない。どのようなリスク管理をどの程度まで行う必要があるかは、投資の規模やリスクの取り方に大きく左右される。だが、程度の差はあっても、自分がいかなるリスクをどのくらい負っているのかが分からなければ、合理的な投資戦略とは言えない。ここで取り上げるリスク管理の考え方は投資家にも応用できるし、銀行が直面するリスク管理上の課題は、そのまま投資家が直面する課題でもあるのだ。

「予想最大損失額」を計算する

話を単純化するために、トヨタ株のみに投資することを考えよう。仮に株価が1株1000円として、1万株に投資する。投資金額は1000万円だ。さて、このポジションを1か月保有し続けるとして、リスクの大きさをどう表せばよいのだろう。

リスクは、予想外の展開によって損失が生まれる可能性のことなのだから、「トヨタ株は優良株だから、リスクなんて考える必要はない」などという漠然とした楽観や、希望的観測は捨てなければならない。自分たちに都合のよい予想や思惑が外れたときに何が起きるのかということを、できるだけ客観的に考える必要があるのだ。

では、リスクを測定し、管理することの目的は何か。リスクという観点から見ると、経営にとって最も大切なことは、どんなに悪い状況になったとしても企業が存続できるようにすることだろう。そのためには、最悪のケースを想定し、そういう状況でも企業が存続できるような備えをあらかじめしておかなければならない。

こういう風に考えれば、リスクの大きさを表す数字は、客観的に想定される最悪のケースで生じると予想される最大の損失額であるべきだろう。

ここまではいい。問題は、最悪のケースとは何かということである。最悪とは、字義通り「最も悪い」ことのはずだが、現実には何をもって「最悪」とするかは結構難しい問題である。

たとえば、巨大隕石が突然地球に落ちてきて人類が滅亡したらどうなるだろう。もちろんトヨタ株といえども無価値となり、投資した1000万円はすべて失われる。その可能性は極めて低いだろうが絶対にゼロとも言い切れない。極端な話に聞こえるかもしれないが、人類を何度も絶滅させるだけの核兵器が存在する今、もう少し可能性の高い別のハルマゲドン・シナリオを考えることも可能であろう。

だが、ハルマゲドン・シナリオのリスクまで考える必要が現実にはあるだろうか。たとえば、人類が滅亡したときに投資したポジションがどうなるかを考えることに意味があるとは思えない。あまりに極端なシナリオは、その発生確率がゼロではなくても、考えても仕方がないのである。

それに、もっと重要な問題もある。ハルマゲドン・シナリオでは、トヨタ株も、もっとリスクが高いはずの新興企業株も、あるいは安全資産とされる国債や銀行預金も、どれも運用資産のすべてが失われることになる。つまり、予想損失額は運用資産の種類にかかわらずに投資金額全額となる。そうなると、それぞれの運用資産のリスクが大きいのか小さいのかが区別できなくなってしまうのだ。これでは現実的、日常的なリスク管理は不可能となってしまう。

だから、最悪のシナリオといっても、とことん本当の最悪とは何かを突き詰めていくのではなく、もっと現実的な範囲に限定して「最悪」を定義し直す必要がある。

そこで、ハルマゲドン・シナリオのように発生確率がかなり低く、極端な結果を招く異常事態のことは切り捨てることを考える。その切り捨てた残りの世界が、経営者が責任をもってコントロールしなければならない現実的な世界というわけだ。もちろん確率が低いとはどのくらいの確率を指すのか、切り捨てるべき異常事態とはどの程度の異常なのか、考え始めるとまた迷路に迷い込んでしまうので、どこか切りのよいところでバッサリと線を引いてみる。

たとえば将来のシナリオとして100通りのシナリオが考えられるとしよう。そのうちの一番悪いシナリオは、あまりにも極端なシナリオかもしれないので、異常事態として切り捨てる。残りの99のシナリオをコントロール可能な正常世界と考え、その中で発生しうる最大の損失額を計算する。それをリスクの大きさを表す数値として捉える。

これが、VaRの基本コンセプトである。

図７　将来株価の確率分布

（平均＝1,000円、標準偏差＝100円の場合）

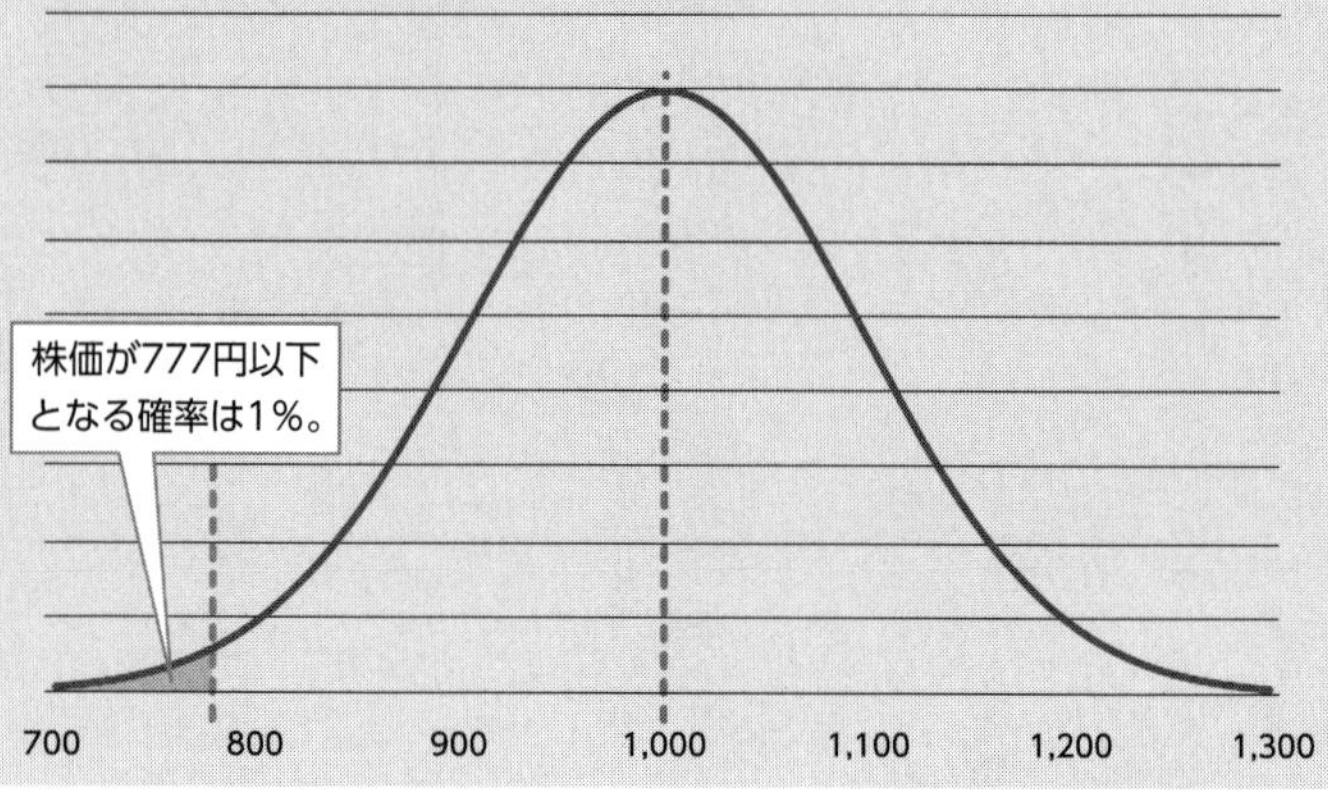

トヨタ株に投資するケースに戻ろう。ここで必要となるのは、トヨタ株の１か月後の価格の確率分布である。確率分布が必要となるのは、将来の起こりうる事態のうち、切り捨てるべき１％と、残りの99％を切り分けるためだ。第１章で、ランダムウォーク理論を前提にすると、１か月後のトヨタ株の確率分布を正規分布として捉えることができるということを示した。ここでも、その考え方を前提に置いて計算してみよう。[1]

復習となるが、正規分布で確率計算をするためには、「平均」と「標準偏差」という二つのパラメータが必要となる。このうち「平均」は、株価が上がるか下がるかは五分五分で、将来の株価の期待値は今の株価と同じままのはずだから、今の株価1株1000円をそのまま使う。一方の「標準偏差」は、価格変動の大きさを示すボラティリティによって表されるとのことだった。これは過去の値動きの大きさから計算することができる。ここでは、標準偏差＝100円と求まったとしよう。これで、確率分布が決まる（図7）。

トヨタ株に投資した場合には、株価が下がると損失が出る。つまり、図7の左側半分が望ましくない事態を表している。ただし、そのうち最も価格下落が激しい1％部分は切り捨ててしまうので、その切り捨てるべきポイントがどこにあたるかを考えればよい。

正規分布では、平均と標準偏差さえ分かればｘｘ円以下になる確率は○％という計算が簡単にできるということだった。具体的に示すと、以下のようになる。[2]

1000円（平均）以下になる確率は50％
900円（平均から標準偏差×1を引いた値）以下になる確率は約16％
800円（平均から標準偏差×2を引いた値）以下になる確率は約2％

これをいろいろ試していけば、ｘｘ円以下になる確率が1％となるｘｘ円を探り当てることができる。[3]

このｘｘ円より下の価格は考えなくてもよいので、そのｘｘ円こそが考えるべきワーストシナリオということになる。

実際に計算していくと、平均から標準偏差の2・33倍分値段が下がったところがそのポイントになることが分かる。1000円から100円の2・33倍を引くのだから767円だ。

767円以下になる確率：1％

ここで株価が767円に下がったときに損失がいくら発生するかを計算する。株価が767円になれば、1万株分の価値（時価評価額）は767万円となり、当初の1000万円から比べると233万円も減る。

この△233万円が現実的な予想最大損失額、すなわちVaRなのである。

ちなみに、この計算では1％を切り捨てて、残り99％における最大損失額を計算している。これを「信頼区間99％のVaR」という風に表現する。

この信頼区間をどのくらいにするかは、議論の余地が大いにある部分である。だが、実際のリスク管理業務の上では、そのあたりはあまり突き詰めることはせず、とりあえず信頼区間を99％として計算することがスタンダードとなっている。もし、より慎重なリスク管理を行いたいのであれば、計算の基準を変えるのではなくて、運用ルールを厳しくすればよいという現実的なアプローチがとられているのである。

ちなみに、以上の説明では、ただ一つの銘柄だけに投資した事例で説明したが、投資する銘柄が増えても、あるいは株だけでなく他の資産に投資した場合でも、基本的な考え方は変わらない。ただ、第2章で説明した分散効果によるリスクの減少という考え方がVaRの計算でも取り入れられており、銘柄を増やしたり、他の資産にも投資したりすることによって、それらの相関関係の大きさに応じてリスクの削減効果が生まれるように計算される。

「異常事態」は本当に切り捨てて構わないのか

以上のVaRの概要に対して、釈然としない感じを抱いた読者もいるかもしれない。それもそのはずで、VaRの定義にはどうにもすっきりしない部分が付きまとっているのである。

ＶａＲは日本語では「予想最大損失額」と訳されるが、本当の意味での予想最大損失額ではない。あくまでも「ある信頼区間で最大となる予想損失額」として計算されている。その信頼区間から外れる場合には、ＶａＲを上回る損失額が発生してしまうことになる。信頼区間99％のＶａＲであれば、1％の確率でＶａＲを上回る損失が発生するわけだ。だが、その1％の確率でいくらの損失が発生するのかについて、ＶａＲは何も語らない。その1％は、考えなくてよい異常事態として切り捨てられているからだ。

つまり、確率的に１００回に1回はＶａＲを上回る損失が生まれるが、その損失については「切り捨てた異常事態によるものだから仕方がない」と諦めるしかないのである。

しかしリスク管理の本来の役割とは、そのように異常事態を切り捨ててしまうことではなく、その異常事態で何が起きるかを考えることではないのだろうか。こうした批判は、ＶａＲが登場したときからずっと付きまとっている。

ちなみに、その信頼区間から外れた異常事態で、平均的にどの程度の損失が発生するのかを計算する指標も考えられてはいる。**期待ショートフォール**と呼ばれるものだ。ＶａＲは「異常事態を切り捨てた残りの予想最大損失額」、期待ショートフォールは「異常事態における予想損失額」というわけである。

もちろん理屈のうえでは、ＶａＲよりもこの期待ショートフォールのほうがよいに決まっている。だが、もし市場が効率的で、正規分布で近似して構わないのなら、ＶａＲが抱えるこの問題も実は大した問題とはならない。

正規分布の世界では、平均から外れる異常事態が起きる確率はどんどんゼロに近づいていき、やがて無視して構わないものとなっていく。つまり損失額が非常に大きくなる異常事態は、発生確率がゼロに非常に近い値になるので、両者を掛け合わせた期待値はやはりゼロ近くにしかならないのだ。つまり、期待ショートフォールを計算しても、ＶａＲとあまり大きな差は生まれない。

ただし、現実の世界を正規分布で捉えきれない場合には、両者が大きく異なる可能性が生じる。非常に大きな損失が発生する異常事態が、無視できないほどの確率で起きる場合には、その期待値がほぼゼロという具合にはならないからだ。ところがその場合、今度はそれをどうやって計算するかが問題になる。結局、異常事態における予想損失額を計算するためには、異常事態としてどこまでを考えるべきかというＶａＲがうまく回避した問題に、再び向き合わなくてはならないのだ。ハルマゲドン・シナリオは考慮しなくてもよいのか、考慮すべき異常事態と考慮しなくてよい異常事態はどこで切り分ければよいのか。話は堂々巡りとなってしまう。

そうした意味で、ＶａＲは完璧な指標だから採用されたというよりも、あくまでも統一的な基準でリスク量を計算するための現実的な解として選ばれたものだったのだ。ただ、このような微妙な点があるにしても、ＶａＲの登場が金融の歴史の中で画期的なものであったことには疑う余地がない。それまでリスクの定義は人によってまちまちで、感覚的にしかつかめず、一つの数字に表せないものだった。それが、明確な一つの数字として表せるようになったのである。

このＶａＲの計算仕様は、**リスクメトリクス**という名ですぐに公開された。ウェザーストーンはこれを自社で占有するのではなく、業界共通のリスク管理ツールとして提供しようとしたのだ。そして、その考え通りに、ＶａＲは他の金融機関にも普及していった。その後、さまざまなＶａＲの計算方法が開発されており、ＶａＲの計算方法には実にいろいろな手法が登場するのだが、その出発点がこのＪＰモルガンのリスクメトリクスであった。

ＶａＲに基づくリスク計測の考え方は、１９９６年末から適用が開始された国際銀行規制ガイドラインにおける市場リスク計測方法の基本概念としても採用されている。[4]国際銀行規制ガイドラインとは、主要国の金融当局・中央銀行が参加しているバーゼル銀行監督委員会で作成しているもので、いわゆる**バーゼル規制**と呼ばれている。バーゼル規制そのものは１９９２年末から適用が開始されているが、当初はローンの貸し倒れリスクのみが対象だったところ、銀行のトレーディング業務の拡大などを受けて、新たに市場リスクも対象に含めることになったのである。

こうして、ＶａＲは瞬く間に業界標準のリスク管理ツールとなっていった。

VaRがもたらした金融機関における経営革新

ＶａＲによるリスク計量化技術の革新は、金融機関の経営そのものにも革新を引き起こした。リスクをカバーするための資本に対する収益率によって事業の効率性を判定しようという新しい経営管理手法の確立である[5]。

企業は、資本と負債によって事業のための資金を調達する。資本は株主が提供するもので、企業にとっては返済の必要がない資金であるが、その代わり余剰利益は株主に帰属するものとなる。負債は、要するに借金であり、たとえ事業がうまくいかなかったとしても期限が来たら返済しなければならない。この二つの資金調達源を組み合わせて事業を遂行するのが財務戦略である。

これをリスク管理の観点から見ると、負債を返済するための資金はどんな状況でも必ず確保できるようにしなければならない。企業の経営破綻は、負債の返済ができないときに起きるからだ。一方の資本は、たとえ損失が生じて棄損したとしても、株主からは怒られるに違いないが、それだけで経営は破綻しない。つまり、資本は損失を吸収するバッファーとしてカウントできるのである。

もっとも、株主の側からすれば、損失の穴埋めに使ってほしくて資本を提供しているわけではない。その資本を使って十分な利益を上げてくれることを期待して、お金を出しているのだ。だから、企業がその期待を維持できなければ、新たな資本を調達することができなくなってしまう。

つまり、リスク管理の観点からは、資本は損失を吸収するバッファーであるが、同時に財務戦略という点では、資本の提供者に利益という見返りをもたらさなければならないものなのである。

たとえば、ある銀行が金利低下によって利益が出るようなポートフォリオを組んだとしよう。予想が外れて金利が上昇すると損失が発生するわけだから、そこにリスクが伴っている。リスクは将来損失となって資本を食いつぶすことになるかもしれない。それはすなわち、「資本を使っている」ことに他ならない。誤解のないように念を押すと、ここで「資本を使う」と言っているのは、実際に何かを支出するということではなく、あくまでも将来のリスクに対する備えとして位置づけるという意味である。

その資本は、金利リスクに対する備えとして使っているわけだから、他のたとえば為替リスクのバッファーとして二重に使うことはできない。同じ資本を異なる用途には使えないのである。ビジネスは、このようにして使った資本に対して、どれだけの利益を上げたかで評価されるべきである。

こうした考え方は、**経済資本管理**といわれている。経済資本とは、実際に資本として調達したお金そのもののことではなくて、事業リスクを取ることで「使っている」と見なされる計算上の資本のことだ。要するに以下の等式が成り立つ。

経済資本　＝　リスクの量

もちろん、いくら計算上のものといっても、実際にないものを使うことはできないので、経済資本は実際の資本の範囲内でしか使えない。

この経済資本管理により、各事業部門の収益性をリスクの大きさに照らし合わせながら、共通の尺度で測定できるようになる。こうした高度な経営管理が可能となるのも、ＶａＲによって客観的に「リスクの量を測る」ことができるようになったおかげなのである。

ちなみに、日本の金融機関でも、やや後追いする形で同じようなリスク管理手法や経営管理手法が順次取り入れられてきている。そこには、日本特有の特徴と見られる要素もあるので、ここで簡単に触れておこう。

日本の金融機関のリスク管理は、欧米の金融機関に比べると、事務的、専門的な位置づけを与えられる傾向が強い。専門部署任せで、経営陣からの関与があまり強くないというイメージだ。どのようなリスクをどのくらい取るべきか、ということが経営陣の中で真剣に議論されている様子もうかがえない。

かといって、リスク管理が軽視されているわけでもない。むしろ、経営課題の中で、「リスクを抑制する」という意味でのリスク管理の優先順位はかなり高いものと見られる。要するに、経営方針そのものが保守的で、積極的にリスクを取りにいかないのだ。そのための仕組みとしてリスク管理が機能している。

日本の金融機関はリーマン・ショックでほとんど傷を負わなかったので、表面的にはこうした抑制的リスク管理が奏功した形となっているが、実際には1990年代に不良債権で苦しめられた反動でリスクを取らなかったことが結果オーライを招いたと言える。リスク管理がリスクを抑制するための手段として位置づけられているから、その位置づけやあり方をめぐって深いところで議論をすることもないし、なにか新しい画期的なリスク管理技術が生まれることもない。

もちろん、だからダメということでもない。リーマン・ショック後の世界的傾向として、少なくとも商業銀行については、過度のリスクテイクを抑制する方向に向かっている。その点では、日本の銀行は期せずしてその潮流の先頭にいるのである。また、欧米でリスク管理が発展してきた背景には、彼らは基本的にリスクテイクに積極的なので、経営層が深く関与した形でのリスク管理の必要性が高かったという側面もあるだろう。

だが、抑制的リスク管理には問題もある。それは収益性の低さやイノベーションの欠如といった点だ。いずれにしても、金融機関として何を目指し、リスク管理がその中でいかに位置づけられるかという点について、経営として真剣に検討されるべきであるとは言えるだろう。

リスク管理技術が引き起こしたVaRショック

ＶａＲは必ずしも完全なツールではなく、批判も数多く存在するものの、基本的には非常に有益なものと位置づけられていると言ってよいだろう。実際に、ＶａＲによって金融機関のリスク管理や経営管理は格段の進化を遂げたことは間違いない。

こうした技術や手法の広がりは、新たな希望を生んだ。かつてのように、金融機関がリスクを取りすぎて経営危機に陥ってしまい、世界経済を混乱に陥れるような事態は恐らく防げるようになっていくはずである、と。だが、そのような楽観的な観測は現実のものとはならなかった。

ＶａＲの不完全さももちろんその理由の一つではあるが、それ以上に深刻な問題は、危機というものが常に事前の想定を超える形で生まれることである。誰もが予想し、備えをしているような危機は決して起きない。危機はいつも予想外なのだ。

その点に関して、ここでは何とも悩ましい実例を一つだけ見てみよう。それは、本来は危機を防ぐためのリスク管理技術の発展そのものが、予想外の新しい危機を招いてしまったというパラドックスに満ちた事例である。その出来事は「ＶａＲショック」と名づけられている。

２００３年の6月中旬から9月初にかけて、安全資産とされる日本国債の利回りが突然急騰した。指標となる10年国債で、利回りの上昇幅は１・２％ほどに達したのだ。

債券の価格と利回りには反比例の関係があり、利回りが上昇するということは債券価格が下落することを意味する。利回りの上昇で価格がどのくらい下落するかというと、ざっくり利回りの変動幅に残存期間[6]をかけたくらいの下落率になる。１・２％の利回り上昇で国債の残存期間が10年とすれば、価格の下落率は10%以上になるという具合だ。要するに、このわずか2か月余りの間に、日本の国債は10%以上も価格が下落したことになる。

株であれば10%の株価下落はそんなに珍しいものではない。だが、国債は安全資産の代表格であり、取引金額も巨額にのぼることが多いので、10%も値下がりすることの影響は甚大である。とくに国債は、金融機関が保有していることが多いので、価格の下落が金融機関の経営を直撃しやすい。

さて、これがなぜVaRショックと呼ばれているかというと、この金利急騰劇で主役を演じたのがVaRによるリスク管理を徹底していた銀行だからである。先ほどの株への投資では、リスク量、すなわちVaRは標準偏差の2・33倍分の価格下落で生じる損失として計算されるということだった。この計算は、国債を保有している場合でも同じである。問題は、肝心の標準偏差をどう特定するかだ。これは、本来は将来の価格変動の大きさを表すものであるが、将来のことは正確に予想できないので、結局は過去データから推定したボラティリティを使うことになる。

国債は普段はあまり大きな値動きをしない商品であり、そういう落ち着いた過去データから推定すると小さなボラティリティしか算出されない。したがって、それで求められるＶａＲの値も小さくなる。ところが、何かをきっかけに国債価格が大きく動くようになると、過去データから推計されるボラティリティが大きくなり、結果としてＶａＲも大きく算出されるようになるのだ。

これもＶａＲの扱いにくい点の一つで、ポジション（保有額）が変わらなくても相場の状況によってＶａＲの値は小さくもなり、大きくもなってしまう。そして、ＶａＲの値が大きくなると「リスクを取りすぎている」と判断され、ポジションを減らす、つまり保有している国債を売るように指示が出ることになる。

大きくなりすぎたリスクを抑えようとするのは、リスク管理の観点からは当然のことだ。ところが、多くの銀行が同じようなリスク管理手法を導入していると、一度何かの要因で国債価格が大きく動いてしまえば、すべての銀行が同時に国債を売らざるをえない立場に回ってしまって、国債価格の下落（利回りの上昇）が止まらなくなる。その結果、気がついてみれば誰も想定していなかった規模の相場の急変動がもたらされてしまうのである。

そうなると、事前に計測されていたＶａＲの額をはるかに上回る損失が発生し、リスク管理はうまくいかなかったということになる。だが、なぜうまくいかなかったかと言えば、皆がリスク管理を徹底していたからなのだ。

これがVaRショックのからくりである。リスク管理の有効性を失わせる大きな障壁が、リスク管理そのものだったわけだ。金融市場には、このように皮肉な自己言及型の構造がいくつも存在しているように思われる。

VaRが陥る日常化の呪いと過去への依存

リスク管理技術の向上が、必ずしも金融機関の経営健全化や金融システムの安定性向上に結びつかないというパラドックスには、他にも日常業務の呪いとでも言うべき理由がある。

VaRをはじめとするリスク管理技術が成り立つためには、さまざまな前提や制約がある。たとえば市場価格の変動の大きさ（ボラティリティ）やそれぞれの相関係数などVaR計算に用いられるパラメータの値は、先に述べたように、過去の統計データから一定の方法で推定した値を使う。その推定が適切でなければ、VaRの値は正確なものとはならない。また、正規分布を前提に計算する場合には、そもそも正規分布に従わない動きが出たときに有効性を失う。

VaRが開発された当初は、担当者たちも恐らくそうしたことを絶えず念頭に置きながら、足りない点を適宜補ってリスクを管理していこうという意識も強くもっていたはずである。しかし、いったんリスクの計測方法が決められ、それに基づいた管理ルールが定められ、そして日常業務として運営されていくにしたがって、それらは一種の流れ作業となっていく。その日常業務化の流れの中で、その業務の本来の意義や、そこに含まれる課題に対する意識は次第に薄れていってしまう。

もちろんそれは、どんな業務でもある程度は避けられないことだ。だが、リスク管理の世界では、それを放置すれば大きな代償をいずれ払うことになる。

日常業務化によって生じる落とし穴には、二つのパターンがあるように思われる。一つ目は、決められたルールさえ守られていればよしとするような業務形骸化の危険だ。形骸化が進むと、経営課題としてのリスク管理はおざなりにされ、場合によっては、ビジネスの拡大などそのときの経営方針に沿うように都合よく運営されるだけの従属物となってしまう。二つ目のパターンは、逆にリスク管理が独り歩きをして、いったん決められたルールが金科玉条のように扱われ、ビジネスの阻害要因となってしまう危険だ。

どちらも、「金融ビジネスの本質はリスク管理にある」というウェザーストーンの姿勢からは程遠い。こうした日常業務化による危険を避けるためには、リスクとは何か、リスク管理とは何か、ということに対する経営層の明確な意識と継続的な関与が不可欠なのである。
もう一つVaRの限界としてしばしば言及されるのが、過去への依存だ。VaRの計算では、ボラティリティや相関係数などを推定するときに過去の統計データを使うと述べた。しかし、将来に起きることが過去に起きたのと同じものになる保証はどこにもない。

もっともこれは、他によい方法がないからそうしているという面が強い。リスクを適切に管理するためには、できるだけ恣意性を排除した客観的な数値を使う必要がある。そうでなければ、自分に都合のよい数字をひねり出してしまうのが人間というものだ。過去データに基づく計算は、この客観性の要請を満たすためのものなのである。統計データに基づかない推定には、どうしても何らかの恣意性が含まれてしまう。

つまり、客観的なリスク計測をするためにはある程度、過去データに依存せざるをえない。そうすると、過去データから推定できないようなリスクについては、客観的に計測することが困難ということになる。これは、リスク管理に付きまとう宿命のようなものだ。

市場が安定した構造をもっていて、大体いつも同じような動きを繰り返すのであれば、この点は致命的な問題とはならないだろう。過去に起きたようなことが将来にも繰り返される可能性が高いからだ。でも、そうではないとしたら？

悪いことに、現実にはどうやら、市場はいつ何が起きるか分からないという不安定さをもっていて、過去が必ずしも将来の適切な指針になるとは限らないようなのである。

この点について、章を改めて詳しく見ていくことにしよう。

【脚注】

1…VaRの計算方法として実際にはさまざまなものが開発されており、現在では必ずしも正規分布を仮定する必要はない。

2…正規分布の累積分布関数というものを使って計算する。たとえば「平均から標準偏差×1を引いた値」以下になる確率は、エクセルで「=NORMSDIST(-1)」とすると算出できる。

3…実際には、いろいろと試してみなくても、エクセルで「=NORMSINV(0.01)」とすると、簡単に値が求まる。これは累積分布関数の逆関数と呼ばれているものである。

4…現在、リーマン・ショックを受けた国際銀行規制の見直し（バーゼルⅢ）の中で、リスク計測の基本モデルとしてVaRから期待ショートフォールに切り替えることが提案されている。リーマン・ショックでVaRの限界が強く意識されたことに加え、次章で詳述するファットテールを組み込んだ理論モデルの開発や、シミュレーション技術の向上により、期待ショートフォールを計算するうえでのハードルが下がってきていることがその背景にある。

5…この分野に関しては、のちにドイツ銀行グループに買収されたバンカーズ・トラストという米国の銀行が大きな役割を果たした。バンカーズは一時、デリバティブの商品開発でも世界の最先端に位置していた。

6…もう少し厳密に計算する場合はデュレーションを用いる。デュレーションとは「平均回収期間」に相当し、通常の債券であれば残存期間よりも少し小さな値となる。

第4章
現実に舞い降りたブラックスワンの爪痕

ブラックマンデーという起こるはずのない暴落

1987年10月16日金曜日、米国の株価は大きく値を下げてその週の取引を終えた。週間の値下がり率は10％近くに達していた。それだけでも、異常とも言える下落率である。その不穏な空気が濃厚に残ったまま、翌週に入り19日月曜日の取引が始まった。週を明けても株価下落の勢いは、衰えないどころか時間とともにどんどん増していき、やがて誰もが我が目を疑う事態となった。株価が、まさに崖から落ちるように一直線に落ちていったのだ。それは現実とは思えない光景であった。

この日の株式市場の崩壊は、**ブラックマンデー**として歴史に刻まれている。わずか1日でダウ工業株30種平均株価指数は22・6％も下がった。史上最大の暴落劇であり、しかも、その下げ幅の大きさは突出している。

この暴落の異常さを示すために、正規分布の確率計算を持ち出してみよう。株価変動が正規分布に従うとして、1日でこれだけの株価下落が起きる確率を計算してみる。答えは「6×（10の97乗）年に一度起きる」確率[1]となる。宇宙の年齢が1・4×（10の10乗）年ほどなので、株式市場が宇宙開闢以来の年月を延々と繰り返したとしても、そのような出来事はほぼ絶対に起きないはずである。

この計算結果は、一面ではブラックマンデーがいかに異常な出来事かを示している。それと同時に、そもそも正規分布を仮定して株価変動の確率を計算することがとんでもなく見当違いなのではないかという疑念を抱かせる。ほぼ確率ゼロとされる出来事が実際に起きてしまったわけだから。

さらに厄介なこともある。この史上最大の暴落劇の原因が、はっきりとは分からないのだ。これだけの暴落だから、いろいろと事後的に分析され、それらしい説明がないわけではない。米国とドイツの経済政策をめぐる行き違いが市場に疑心暗鬼を生んだ、FRB（米国の中央銀行である連邦準備制度理事会）による利上げ開始で投資家に不安が広まった、ポートフォリオ・インシュアランスと名づけられたコンピュータによる自動売買が売りの連鎖を引き起こした、云々。だが、市場にはいつも何かの不安要因があり、ここに並べられた要因もそんなに特別のこととは思えない。それなのになぜ1987年10月19日に限ってけた外れの暴落を引き起こしたのか。

たとえば2001年9月11日の米国同時多発テロでは、市場がいったん閉鎖され、市場再開時に株価は7％強の下落をみた。明白かつ衝撃的な原因があり、しかも数日間にわたり市場が閉鎖されるという異常な状況のもとで、株価はいわば予想通りに暴落した。これに対してブラックマンデーの場合は、どう原因を並べても同時テロと比べれば何とも平板なものしかないにもかかわらず、株価下落率はその3倍にも達したのである。しかもわずか1日で。この事実から、市場には単純な因果関係による説明を阻む何らかのメカニズムが存在するように思われるのである。

いずれにしても、ブラックマンデーは、標準的なファイナンス理論からすれば、起きるはずのなかった事象なのだ。だが、そのような異常な事態が現実に起きる可能性があることを示唆する研究が、それよりもだいぶ前に一人のフランス人数学者によって提示されていた。その数学者の名はブノア・マンデルブロである。

激動を生き抜いた
数学者マンデルブロが発見したもの

マンデルブロは、1924年にポーランドの首都ワルシャワで生まれた。両親はユダヤ系リトアニア人だった。1930年代、ポーランドにも世界恐慌の余波が及び、彼の父親は仕事のために単身、親戚が暮らすフランスのパリへと移っていった。まもなく隣国ドイツで反ユダヤ主義を掲げるナチス政権が樹立されると、ポーランドにも影響が及び始める。ポーランドにいたユダヤ人の多くが、いずれ嵐は過ぎ去るだろうと考える中、マンデルブロ家は一家そろってのパリ移住を決断する。この判断が、当時11歳だったマンデルブロを救うことになる。間もなくしてポーランドはナチス・ドイツの侵略を受け、現地に残ったユダヤ人の多くが殺されたのである。

ブノア・マンデルブロ
（Benoît B. Mandelbrot／1924〜2010）

1940年、しかし今度は移住先のフランスがドイツに敗れ、パリはナチス・ドイツに占領されてしまう。一家はチュールというフランス中南部の街に逃れていった。だが、そこはナチス占領地よりましとはいえ、親ドイツのヴィシー政権が支配する地域であり、いつユダヤ人であることがばれて収容所送りになるか分からない状況が続いた。

実際に彼の父親は一時身柄を拘束されて、収容所に送られたことがある。収容所送りは、もちろん死に直結する。だが、間一髪のところでレンジスタンスに救出された。ところが、今度はその後の逃避中に、ドイツの戦闘機による機銃掃射を受けることになる。その直前に、集団で行動すれば敵に発見されやすくなると主張して聞き入れられなかったマンデルブロの父親は、仲間と離れて別行動を取っていた。それが、奇跡的な生き残りにつながった。マンデルブロ自身にも危機的な状況は何度も訪れた。この時代を生き延びることができたのは幸運以外の何物でもなかったと、彼はのちに述懐している。

1944年8月、連合軍がパリを解放するとすぐに、19歳となっていたマンデルブロはパリに戻り、ようやくそこで数学の勉強に専心できるようになる。その後1950年代に米国の研究所からオファーを受けた彼は、今度は米国に移住し、やがて米国籍を取得した。

マンデルブロは、「フラクタル」の研究で知られ、複雑系という分野では欠くべからざる重要な数学者だ。フラクタルとは、自己相似性ともいわれる全体と部分の見分けがつかない幾何学上の性質を指している。たとえば、株価チャートもフラクタルであるといわれている。長期間のチャートの一部を取り出して拡大してみると、元のチャートと似た形状が現れ、はっきりと見分けがつかない。そして、拡大したチャートの一部を取り出してまた拡大すると、やはり同じようなチャートが出現する。スケール（目盛り）を変えても基本的な形状が変化しない。それがフラクタルである。

マンデルブロは、理論的な研究を続けつつも、市場価格の変動に大いに魅入られた一人だった。そもそも、このフラクタルも株価チャートを見ていて思いついたといわれている。そんな彼の金融理論における最大の貢献は、主に1960年代に行われた市場価格の変動が本当に正規分布に従っているのかについての研究だろう。

マンデルブロは、あのルイ・バシュリエの再評価に貢献した人物でもある。市場価格がランダムに変動するという点で、彼はバシュリエに同意していた。しかし、その業績を称賛しつつ、市場価格の変動を正規分布で捉えることができるというバシュリエの帰結には異を唱えたのだ。

第1章では、ランダムウォークが正規分布に結びつくという話をした。それがバシュリエ理論の根幹だった。だがマンデルブロは、特殊な条件のもとではランダムウォークが正規分布以外の確率分布をもたらす場合があることを示した。

たとえば、次のようなブラウン運動をイメージしてみよう。

水の中の花粉微粒子は、周囲の水分子が四方八方から絶え間なくぶつかることで、ランダムな変動をする。ここまでは第1章と同じだ。だが、この観測装置に新しい機能を追加してみる。花粉微粒子の変動は大きさもバラバラで、小さな動きや大きな動きが混在している。そのうち大きな変動が生じたときに水の温度が上がっていくような仕掛けをしておくのだ。たまたま大きな動きが続くと水の温度が上がり、そうすると花粉微粒子に衝突する水分子の運動量が増加するので、動きそのものは相変わらずランダムだけど、変動の幅が先ほどよりも大きなランダムウォークとなる。

逆に、大きな変動がしばらく起きないと、今度は水の温度が下がっていく。そうすると、やはり動きそのものはランダムだけど、変動の幅が小さなランダムウォークになる。

この観測装置で観測されるブラウン運動は、正規分布の両端が引き延ばされたような確率分布を形成するのだ。つまり、水の温度が一定なら正規分布で表せるが、温度が変化するとそうはならない。

この例は、マンデルブロ自身による説明とは少し違っているが、現在では、複雑なデリバティブの価格評価や高度なリスク管理などに、まさにこうした考え方が反映されたモデルが使われている。[2]

マンデルブロによる実証分析では、現実の市場価格の変動はランダムだと考えられるが、その結果としての価格変動の確率分布は、正規分布ではなく〝安定分布[3]〟というものに従っているという結論づけられた。

一般には馴染みがないであろう**安定分布**というのは、必ずしも正規分布と相容れないものではない。だが、定義が広いのだ。実のところ、正規分布は安定分布の一部なのである。つまり、安定分布には正規分布も含まれるが、それ以外の分布もある、ということになる。安定分布には特性指数というパラメータがあって0〜2の値をとるのだが、このうち特性指数が2となる特殊な安定分布が正規分布だ。

つまりマンデルブロは、現実の市場価格の変動は、必ずしも正規分布になるとは限らず、もっと定義の広い安定分布になると主張したのである。そして、実際に綿花価格の変動を分析して、特定指数が1・7の安定分布となっていることを示した。

だが、正規分布ではなくて安定分布である、ということがそれほど大騒ぎするようなことなのだろうか。実は、その通りなのである。マンデルブロのこの〝発見〟は、現代ファイナンス理論の根幹を揺るがす衝撃的な意味をもっていたのだ。

その点については次に述べるとして、マンデルブロとバシュリエの意外なつながりについてもう一つだけ触れておこう。マンデルブロがバシュリエの理論を補完もしくは訂正する目的でもち出した安定分布は「レビィ安定分布」と呼ばれることがある。レビィとは、フランスの数学者ポール・レビィから名がとられている。そう、あのバシュリエの論文の誤りを指摘し、のちに自分が間違っていたと謝罪したレビィである。バシュリエの前にはいつもレビィが立ちはだかっているようだ。もっとも、結果としてバシュリエの活躍の場を奪ってしまったことと、それ以外のレビィの業績はもちろん別のものであると考えるべきなのではあるが。

極端な出来事が予測より頻繁?「べき分布」とファットテール

正規分布の大きな特徴の一つは、平均から大きく離れる異常な事態が起きる確率は、平均から離れれば離れるほどゼロに近づき、やがて無視できるほどになるということである。建売住宅を建てるときに、身長が3メートルの人のことを考慮する必要はないだろう。同じように、正規分布の世界ならば、VaRのように現実的な範囲内でリスクを考える測定技術は有効なものとなる。

これに対して、マンデルブロが綿花価格の分析で主張した特性指数1・7の安定分布などの場合は、平均から離れていっても、異常な事態が起きる確率がそれほど下がっていかない。これが、大きな意味をもつことになるのだ。ちなみに、その後の研究では、相場変動の確率分布が安定分布になるとも言い切れない部分があり、マンデルブロの主張が必ずしも全面的に正しいというわけではない。だが肝心な点は、マンデルブロが提起した問題の中身である。

それは、この「異常な事態が起きる確率が平均から遠ざかってもなかなか下がらない」という性質なのだ。今ではあまり「相場変動は安定分布」という言い方を聞くことは少なくなっており、一般的には「相場変動は〝べき分布〟」という言い方が主に使われる。だが、何々分布と呼ばれようが、言わんとしていることは同じである。

ちなみに**べき分布**とは、確率分布を表す式が何らかの〝べき〟(xのk乗というような式)になっているものを指す。パレート分布ともいう。繰り返しになるが、式の定義や呼び方はそれほど重要ではなく、大切な点は、極端な出来事が起きる確率が極端さを増していってもなかなか減っていかないというところである。

それはさておき、実はべき分布も、正規分布と並んで我々の身近によく見られる確率分布だ。たとえば人の身長や学力テストの点数はおおむね正規分布に従うということだったが、所得金額、資産保有額、株式投資の通算損益額などはおおよそべき分布に従う。他にも、地震の大きさ、都市の人口の大きさ、企業の時価総額、各国の一人当たりGDP、ヒット商品の売り上げ、衛星はやぶさが地球に衝突したときにできた破片の大きさなど、実にさまざまなものがべき分布に従う。

もう少し具体的に言うと、「所得が、べき分布に従う」と言う場合には、所得がa倍になるとそれに該当する人の割合はb分の一になるというような関係を意味する。たとえば年収500万円の人が500万人いるとしよう。年収が倍の1000万円の人が100万人なら、年収が2倍になると該当者は五分の一になるということになる。この関係がずっと続いていくのがべき分布なのだ。その結果、年収2000万円の人は20万人いて、4000万円の人は4万人いて、という関係が延々と続いていき、とんでもないほどの年収を稼ぐ人が一定数は存在することになる。

だから、身長が平均の何倍というような人がまず絶対にいないのに、所得では平均の何十倍というような極端な高給取りが存在する。それがべき分布の世界なのである。

さて、相場の話に戻ろう。要するに、マンデルブロが言った「市場価格の変動は安定分布である」も、「株式相場はべき分布に従う」という言い方も、結局のところ本質的には同じことを意味している。市場では、正規分布で想定されるよりも、極端な出来事、すなわち急激な価格変動が起きやすいということである。

この結論部分、すなわち「急激な価格変動が起きる確率は正規分布で想定されるよりも高い」ことを**ファットテール**と呼ぶ。ここでテールは「裾」を意味し、確率分布の両端部分を指す。したがって、ファットテールは「確率分布の裾が分厚くなっている」ことを意味する。分布の形状を表す尖度《せんど》というパラメータが大きくなるとファットテールが現れることから、〝尖った分布〟と表現されることもある。いずれにしても、相場変動の性質を考えるうえで、このファットテールという性質こそ最も厄介で、最も重要な概念と言えるかもしれない。

現実の市場から浮かび上がる特殊な変動パターン

さて、ここまで話してきたことを具体的にイメージするために、実際の株価データを見ておこう。**図8**は、過去67年にわたる米国株価指数の月間騰落率を頻度ごとにまとめたヒストグラム（頻度分布図）だ。

ざっくりと言えば正規分布に似ているような気もするが、純粋な正規分布と比べてい

図8　米国の月間株価騰落率の頻度分布

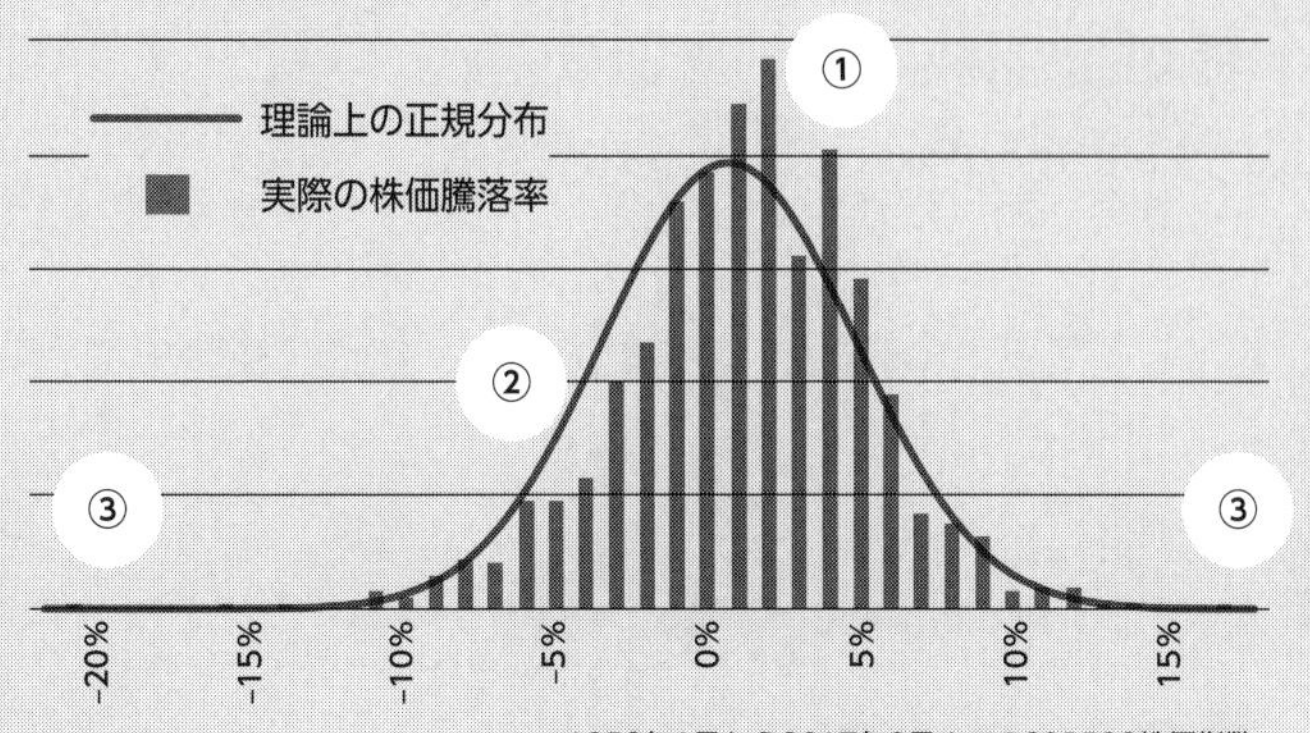

1950年1月から2017年8月までのS&P500株価指数。

くつか特徴的なところもある。順番に見ていくと、このヒストグラムでは、理論上の正規分布に比べて、以下のような特徴が見られる。

① 価格があまり大きく動かない頻度が高い

② それよりも少し大きな価格変動が起きる頻度が小さい

③ （やや分かりづらいが）平均から大きく離れた極端な価格変動の頻度が高い[4]

実はこの三つの特徴は、ほとんどの市場価格の変動パターンに見られる共通の特徴なのだ。だから、お見せするのは

図９　理論上の正規分布と市場の価格変動の差異（イメージ）

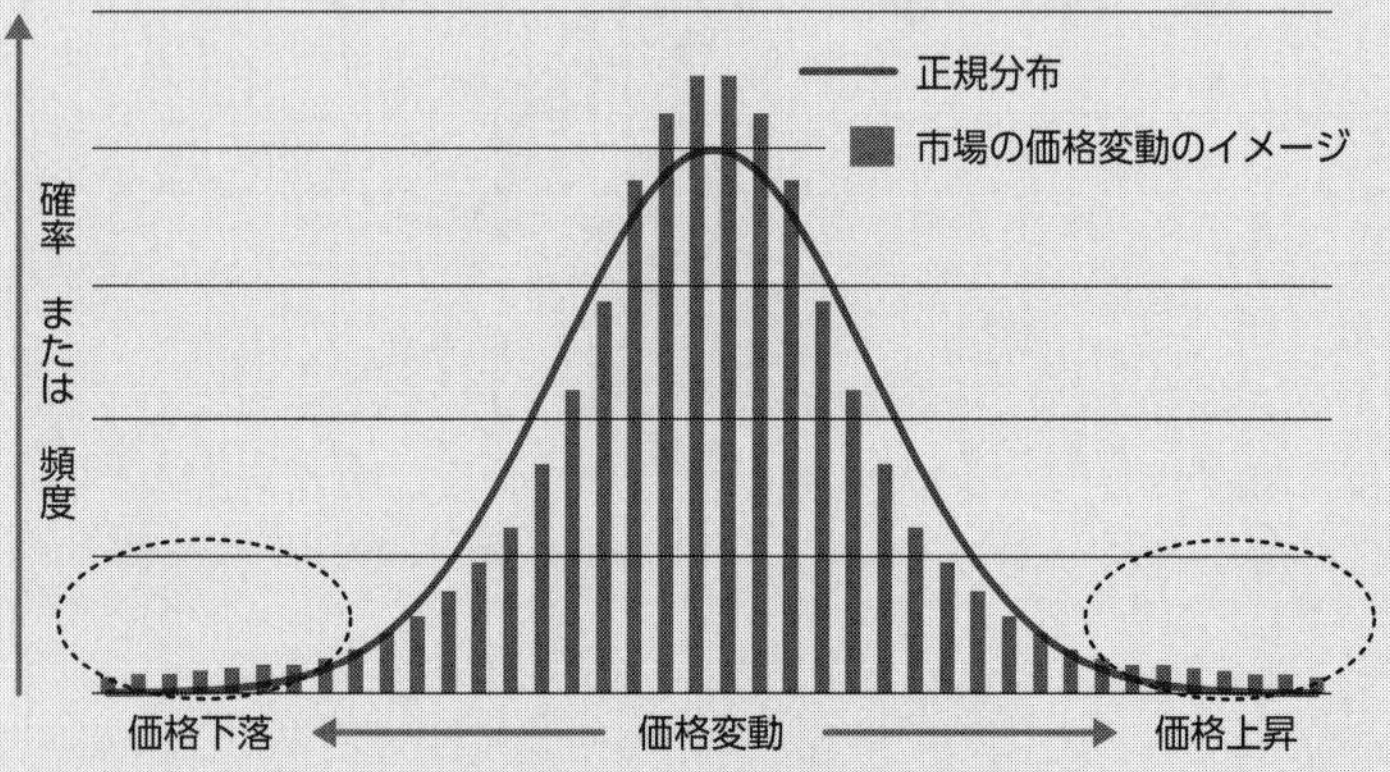

市場の価格変動は、正規分布に比べると、

①価格が少ししか動かない確率が高く

②価格が程々に動く確率は低く

③価格が大きく動く確率は高い

③をファットテールと呼ぶ（グラフの点線で囲ってある部分）。

一つの事例だけだが、たまたまこのデータだけそうだったということではなく、市場に共通の構造として、明らかに正規分布とは異なるこのような特徴があると考えるべきだろう。

図9は、分かりやすいように抽象化して、前述の特徴を際立たせたものだ。これはマンデルブロの安定分布に非常によく似ている。また、水の温度が変化するときの変則ブラウン運動の確率分布も、基本的にはこんな形になる。

さて問題は、この正規分布からの逸脱が実際にどれほどの意味をもつかである。

社会科学においては理論と現実に誤差は付きものである。誤差が誤差にとどまるなら、それは目くじらを立てるようなものではなく、現実に合うように微修正を繰り返しながら理論を使っていけばよい。しかし、誤差が決定的な、ときに致命的な差異を生むのなら、理論は根本的に見直されなければならなくなる。

そうした意味では、三つの特徴のうち①や②は、投資家に致命的な影響を及ぼすようなものではないので、とりあえずは目くじらを立てなくてもよい。しかし、③の「平均から大きく離れた極端な価格変動の頻度が高い」という部分については、そうはいかない。

ブラックマンデーを例に考えるのがよいだろう。正規分布が成り立つ世界では、宇宙の歴史が何億回と繰り返されてもブラックマンデーは一度も起きない。ところが、我々が住む世界では実際に起きた。それでも現実の世界に正規分布を当てはめて考えても問題がないとすれば、それはブラックマンデーを「異常事態なのだから考えても仕方ないので、切り捨ててしまえばよい」と言える場合だけである。

だが実際には、数多くの投資家がブラックマンデーで巨額の損失を負った。破滅に追い込まれる者もいたし、そこまでいかなくても二度と立ち上がれなくなるほどのダメージを受けた投資家はさらに大勢いたはずである。

長く投資を続けていれば、ブラックマンデーほどではないとしても、「正規分布では想定されない」はずの一大イベントにいずれ出くわす可能性はかなり高い。それがファットテールの示唆することである。そうだとしたら、平穏な99%の世界でいかにうまくやろうとも、異常な1%の事態で致命傷を負って元も子もなくなることがありうる。つまり、長期的な投資成績は、その異常な1%をいかに切り抜けるかにかかっているということになる。

そう考えていくと、正規分布で想定できない異常事態は「無視してよいもの」などでは決してなく、むしろそれこそが投資における最重要テーマなのではないか、と思えてくるのである。

正規分布からの逸脱がもたらす影響は、実務の世界でも深刻である。マンデルブロの安定分布もそうだが、ファットテールを含んだ確率分布には標準偏差が求まらないものがあるのだ。マーコウィッツのポートフォリオ理論では標準偏差がリスクの指標となっていた。VaRの計算でも、標準偏差の2・33倍で予想最大損失額を計算していた。ところが、そもそも標準偏差が計算できないとしたら、それらのツールはそもそも計算不能に陥ってしまう。

ほとんどの金融機関や運用会社は、これらのツールを日常的な業務運営の前提として使っている。それが、実はまったくの見当違いだったということにもなりかねないのだ。

このように、マンデルブロの新たな〝発見〟と、現実の世界におけるブラックマンデーの発生は、標準ファイナンス理論の根幹を揺るがす重大な警告だったのである。

ファイナンス理論のつじつま合わせ

それで標準的なファイナンス理論はどのように修正を迫られたのだろうか。

少なくとも一握りの人たちの間では、ファットテール問題がファイナンス理論における大きな課題であるという認識は広がった。そうした課題を実際のリスク計算などにどう織り込むかについても、さまざまな工夫が重ねられてきた。実際にファットテールを再現できると考えられる理論モデルはいくつも作られている。だが、そうした問題は、金融における本質的な問題というよりも、専門家たちの間の技術的な問題と見なされる傾向が強かったのではないかと思う。

結局、ブラックマンデーのような出来事はあくまでも例外的なものとされ、異常事態は基本的に無視して構わないという現代ファイナンス理論の根幹が見直されるという具合にはならなかった。それはなぜなのか。

そこには、現実的な計算可能性の問題が横たわる。正規分布では無視しうるはずの異常事態が実際に起こるとしても、では、どのくらいの異常事態が起こりうるのかは結局、何とも分からない。その点に向き合おうとすれば、どの程度までの異常事態を考慮すべきかという問題に再び立ち戻ってしまう。

そこで、現実的な対応策として、「正規分布はあくまでも現実を捉えやすいように単純化した理論モデルにすぎず、万能ではないことを念頭に置きつつ」、やむをえないながら今まで通りの計算を続けることが選択される。でも、時間がたてばかっこ書きの部分は次第に忘れられていき、結局何もなかったかのように元の状態に戻る。そういうことだったのではないかと思う。

結局、銀行も運用会社も、業務を日々回していかなければならない。リスクは何らかの方法で計算されなければならず、「計算できない」では何の解決策にもならないのだ。

一つの事例として、第1章で紹介したブラック＝ショールズ・モデルがこのファットテール問題にどう対処しているかを少し紹介しよう。

ブラック＝ショールズ・モデルは、将来価格の確率分布を対数正規分布と仮定して、オプションの価格を計算するものだった。対数正規分布は正規分布の一種だから、ファットテールのことは考慮外だ。

たとえば、この原稿を執筆している時点でドル円の為替相場は1ドル114円だが、ここで1か月後に1ドルを105円で売る権利（ドル・プットオプション）を取引する場合を考えよう。権利行使価格が現在の為替レートから大きく離れたやや特殊な取引だ。これをブラック＝ショールズ・モデルで計算するとオプションの値段はほぼゼロとなる。権利を行使できる価格が現在の価格から離れすぎているので、そこまで価格は下がらないだろうから無価値と判定されるのだ。しかし、対数正規分布を前提とするブラック＝ショールズ・モデルでは、ファットテール、すなわち極端に大きく値動きする可能性が過小評価されている。だったら、そこから算出されるオプションの価格もきっと小さすぎるはずである。

そこでどうするかというと、値段がもっと高くなるように、計算に使うパラメータを変えてしまうのだ。具体的には、正規分布の横の広がりを決める標準偏差に使われるボラティリティの値を、通常のオプションの値段を計算するときよりも大きくする。そうするとオプションの価格は高く算出される。

つまり、通常のオプションを計算するときと、そうではないオプションを計算するときとで、計算の前提を変えて計算しているわけだ。言ってみれば、計算上のつじつまが合うように鉛筆をなめて答えを出している。金融工学は高度な数学を駆使して極めて精緻に理論が組まれている世界なのだが、実務においては最後にエイヤッと現実に合わせてしまうという側面がある。

ファットテールを考慮しないブラック＝ショールズ・モデルは、そのようにして生き残ってきたのである。それは、現代ファイナンス理論全般にも言えることである。理論が現実においては厳密に成り立っていなくても、つじつまを合わせられる限りは問題ない。ただし、想定を超える新たな危機が生じるまでは……。

グレート・モデレーションとグリーンスパン時代の到来

人は結局のところ、自分が経験していないものを実感することが難しい。ブラックマンデーも次第に遠い過去の歴史的なエピソードの一つとなり、日々の業務における具体的な指針とはなりえなくなる。それに拍車をかけたのが、「グレート・モデレーション」と呼ばれる新しい安定の時代の到来だった。

ブラックマンデーは、ちょうどこのグレート・モデレーションの幕開けの時期に重なっている。グレート・モデレーションとは、「大いなる安定」という意味だ。史上最大の暴落が、大いなる安定に連なるというのは何とも不思議であるが、実際に1980年代半ば以降の金融市場は、ブラックマンデーを挟んで次第に安定さを増していったのだ。

金融技術の革新、リスク管理技法の確立、市場の混乱を最小限に抑える新しい金融政策の枠組み、これらはいずれも金融市場の安定をもたらすものと考えられた。金融市場は理論や技術革新によって進化しており、ブラックマンデーが起きたときとは大きく違ってきている。恐らくもう二度とあのようなことは起きないだろう、というわけだ。

このグレート・モデレーションは、ちょうどアラン・グリーンスパンがFRB議長を務めていた時期にほぼ重なる。それどころか、彼はこのグレート・モデレーションのコンダクター（指揮者）と見なされていた。
グリーンスパンは、名門音楽学校ジュリアードに学んだジャズ奏者あがりという変わり種の経歴の持ち主だ。しかも、ニューヨーク大学で経済学を学び直したあとに大手調査会社コンファレンス・ボードで産業アナリストを数年間務めた以外は、小さな調査会社で活動を続けた独立系エコノミストだった。そんな彼が１９８７年から２００６年までＦＲＢ議長を務め、米国金融政策のトップに君臨して絶大な影響力を振るったのである。[6]

アラン・グリーンスパン
(Alan Greenspan／1926〜)

彼はまた、市場の効率性に強い信頼を置いていたことで知られる。効率的市場仮説の信奉者と言ってよい。デリバティブやリスク管理など、理論に裏打ちされた金融技術の果たす役割にも高い評価を与えてきた。グリーンスパンのこうしたスタンスや信条と、実際にＦＲＢ議長として残した優れた業績が、効率的市場仮説や標準的ファイナンス理論の神通力を高めるうえで大きな役割を果たしたことは間違いないだろう。彼が「マエストロ」

と呼ばれ、「(米国大統領に次ぐ)世界で二番目の権力者」と評されるようになるころには、同時にファイナンス理論も無敵の存在となっていった。

そのグリーンスパンが称賛の嵐の中で19年間在任したFRB議長を退任した2006年末には、国際的な銀行規制であるバーゼル規制が全面改訂され、バーゼルⅡと呼ばれる新しいバージョンが適用開始となった。それまで、いわば対症療法的にツギハギをしながら作られてきた国際規制を、より包括的で体系的なものに改めたのである。そこには、リスク管理技術の発展の中で得られてきた知見がさまざまに盛り込まれていた。バーゼル規制はそもそも国際的な金融危機を防ぐことを最大の目的としている。進化版のバーゼルⅡの適用によって、大規模な金融危機の発生は金輪際、抑えられることになるはずと考えられた。

サブプライムローン・バブルの崩壊からリーマン・ショックへと至る未曽有の金融危機が襲いかかったのは、その直後のことだった。理論や金融技術が安定をもたらすという考え方は幻想にすぎなかったのだ。それどころか、かつて誰も経験したことのない大混乱が待ち受けていた。

このリーマン・ショックこそが、一時は金科玉条のように見えた現代ファイナンス理論の矛盾をあぶり出し、批判の渦を巻き起こすことになる。

サブプライムローン・バブルの崩壊

リーマン・ショックは、ファイナンス理論の根幹を揺るがす一大イベントであったので、簡単にその概略を振り返っておこう。

リーマン・ショックの引き金を引いたのは、米国の住宅ローンの中でも審査基準が緩いサブプライムローンと呼ばれるものだった。住宅ローンそのものは長い歴史をもっているが、そのうちのサブプライムローンは1990年代以降に急速に拡大した新ビジネスである。読んで字のごとく、「プライム」は優良顧客向けといった意味に対し「サブ」はその下位にあることを示しており、つまり「サブプライム」は優良ではない顧客向けの商品だった。審査基準が緩いため、移民や、安定した所得がない人、過去に借入の返済を滞らせてしまった人でも、購入する住宅を担保にやや高めの金利でお金を借りられる。これが、持ち家政策を推進する政府からのバックアップも受け、1990年代の金利低下や住宅価格の上昇に後押しされて急速に普及していった。

そこに、証券化と呼ばれる金融技術が結びついた。証券化とは、住宅ローンなどの債権を集めてきて、それを裏づけとして債券を発行し、世界中の投資家に販売するものである。1990年代以降、世界的に金利の低下が続くなか、あり余る資金の運用先を求める世界中の機関投資家のニーズを満たすためにこの証券化ビジネスが急拡大し、欧米の大手金融機関にとって巨大な収益源となっていたのだった。

サブプライムローンも、この証券化の波に乗った。ローン会社は、サブプライムローンを貸し出して、それを金融機関に売却する。金融機関は証券化によってそれを債券に仕立て直し、投資家に販売する。世界中のマネーを巻き込む巨大な歯車が回り始めた。

証券化で世界中から資金が流入することで、サブプライムローンは残高を急速に伸ばしていった。ローンを借りて住宅を購入する人が増えるので、住宅価格は上昇する。住宅価格が上昇すれば、借入人がローンを返せなくなっても、担保となっている住宅を処分することで資金はいつでも回収できるようになる。つまり、住宅価格が上がっている限りは、審査基準が緩いサブプライムローンでも、回収不足になる危険は抑えられるのだ。

そして、ローンの回収が滞らなければ、それを証券化した債券に投資した投資家も高利回りを享受できる。そして、あり余った資金をますますこの分野に投入することになり、それがさらなるサブプライムローンの残高拡大と住宅価格の上昇を招き寄せる。

一見よいことずくめの好循環であるが、もちろんこうした循環はいつまでも続かない。

好循環は必ず行き過ぎを生んでしまうからだ。

住宅価格が上昇を続けていくと、最初は実需による上昇だったかもしれないが、次第に住宅価格の短期的な値上がりを狙う投機家が家を買うようになる。サブプライムローンが簡単に借りられるのであれば、それを利用した投機が増えていく。一方のローン会社は、証券化を取り仕切る金融機関が高値でローンを買い取ってくれるので、ろくに審査もせずにひたすらお金を貸し込む。金融機関は金融機関で、巨大な収益マシーンと化した証券化ビジネスをひたすら推し進めることに夢中で、中身を吟味することなくローンを競うように買い漁る。証券化商品を買う投資家もまた、有り余ったお金で金融機関が勧めるものをとにかく買いまくる。

こうして資金が潤沢に提供されるローン会社はますます貸し出しに積極的になり、投機家がさらに住宅に群がってくるようになる。その結果、いつの間にか住宅価格は、まともに家を購入する人には手が出ない水準にまで押し上げられるのだ。

しかし、本当に家を必要としている人ではなく、投機目的で家を買おうとする人ばかりになると、少しでも価格上昇が鈍るだけで投機家の買い意欲は減退してしまい、価格はさらに上がらなくなる。やがてどこかで価格が反転し、それによって買いの手はさらに引っ込んで、歯車はゆっくりと逆方向に回転し始めることになる。

転換点は、２００６年だった。実際に米国の住宅価格は上がらなくなり、それに伴って一部の投機的なサブプライムローンの返済が滞り始めた。サブプライムローンの延滞率が上昇し始めると、それを裏づけとした証券化商品の価格が下がり始め、投資家たちはもうそれ以上お金を出さなくなる。好循環のもととなっていた世界中の投資資金の流入がピタリとやんでしまったのだ。

さらにローンの延滞が起きると、担保となっていた住宅が差し押さえられ、売りに出されるため、それもまた住宅価格の下落を招く要因となる。住宅価格が下がると、それがまた延滞率を押し上げる。

こうした相乗効果によって、サブプライムローンの延滞率の上昇、住宅価格の下落、証券化商品の価格下落が連鎖していったのである。

証券化を取り仕切る金融機関は、基本的なビジネスの流れとして、ローン会社からローンを買い取って、それを証券化して投資家に販売する。販売が完了すれば、金融機関にリスクは残らないはずである。だが実際には、証券化商品を作るための在庫を大量に保有していたり、投資家には販売しにくいリスクを自分で抱えたりしていたのだ。その結果、彼らもまた大きな損失に直面することになった。

金融機関の経営が悪化すると、影響はさらに拡大した。株式市場は下落し、金融機関同士で資金をやりとりするインターバンク市場では取引が急減して、国際的な資金の流れが目詰まりを起こすようになったのである。それが、金融機関の資金繰りを悪化させ、経営をさらに悪化させる。そして、ついにその時がやってきた。

ブラックスワンの襲来

2008年9月15日月曜日未明、週末を通して行われた民間主導の救済スキームが不調に終わったことを受けて、大手投資銀行リーマン・ブラザーズが連邦破産法の申請に踏み切った。改めて説明すると、投資銀行とは大企業や機関投資家向けの業務を主とする証券会社のことである。直接金融が大きな役割を果たす米国では、まさに金融業界の主役であり、世界の金融市場の差配者と言ってもよい存在だ。世界的な金融街として有名なウォール街は投資銀行の街であり、大リーガー並みの年収を稼ぐ投資銀行のスタープレーヤーたちが闊歩する場である。

リーマンは全米4位とはいえ、そんな投資銀行の中でも1世紀半に及ぶ歴史を誇る名門だった。そのリーマンの破綻は、まさに予想を超える展開を引き起こした。

当日の株価は4・7%も下落した。これだけでも正規分布の仮定ではまず起こりえない緊急事態と言ってよい。しかし、混乱はこれで終わらなかった。続く16日には、大手保険会社のＡＩＧが事実上国有化された。ＡＩＧは傘下にデリバティブ子会社のＡＩＧフィナンシャル・プロダクツを有し、デリバティブ、とくに後述するＣＤＳ（クレジット・デフォルト・スワップ）という取引で市場の元締め的な存在だったのだ。倒産ともなればその影響は計り知れなかった。だから、同じ経営危機でも、リーマンは倒産し、ＡＩＧは国の関与で存続することになったのだ。しかし、政府が介入することに対する安心感はすぐに消え、17日には再び株価は４・７％の下落に見舞われた。

　これだけでも十分に異常だが、悪いときには悪いことが重なるものである。９月29日に下院議会が大方の予想に反してＴＡＲＰ[7]と名づけられた公的資金による不良債権処理法案を否決すると、市場は崩れ落ちるようにして急落した。下落率８・８％の大暴落である。その後も、毎日株価は飛ぶように上下し、暴落と暴騰を繰り返した。通常、株価指数が前日比で３％以上の値動きをすることは滅多にない。ところが９月29日以降の50営業日で実に30営業日が３％以上の値動きを記録している。

　図10では、１９５０年以降の米国株価変動率上位20日の日付を示しているが、それを見ると、多くが２００８年秋から２００９年初頭に集中していることに気がつく。いずれも正規分布を仮定すれば、まず絶対に起きないと考えられるような大きな株価変動だ。

図 10　米国株騰落率上位20日(1950/1/3－2017/9/8)

(網掛してある日は、リーマン・ショック後の金融危機期にあたる)

順位	日付	騰落率	何年に一度の確率か
1	1987/10/19	-20.5%	6×10の97乗年
2	2008/10/13	11.6%	2×10の30乗年
3	2008/10/28	10.8%	1×10の26乗年
4	1987/10/21	9.1%	171.5京年
5	2008/10/15	-9.0%	177.7京年
6	2008/12/1	-8.9%	63.0京年
7	2008/9/29	-8.8%	19.1京年
8	1987/10/26	-8.3%	1360.9兆年
9	2008/10/9	-7.6%	4.2兆年
10	2009/3/23	7.1%	309.6億年
11	2008/11/13	6.9%	94.9億年
12	1997/10/27	-6.9%	104.3億年
13	1998/8/31	-6.8%	64.2億年
14	1988/1/8	-6.8%	50.1億年
15	2008/11/20	-6.7%	33.0億年
16	1962/5/28	-6.7%	25.1億年
17	2011/8/8	-6.7%	23.0億年
18	1955/9/26	-6.6%	16.5億年
19	2008/11/24	6.5%	3.5億年
20	2009/3/10	6.4%	1.7億年

S&P500騰落率。本文中のダウ工業株価指数とは騰落率がやや異なる。
また、順位は騰落率の絶対値順。平均がわずかに0からずれているので、
確率が逆転しているところがある。

それが、この数か月間はひっきりなしに続いた。

これらの株価変動の大きさは、1日当たりではブラックマンデーに及ばないが、ごく短期間に相次いで生じたものであることを考えると、その異常さはむしろブラックマンデーをしのぐほどである。

こうした事態は、ほぼすべての金融関係者の想定をはるかに超えるものだった。文字通り市場は崩壊したのである。この市場の崩壊とともに、相場変動は正規分布によって捉えることができるという考え方もまた、音を立てて崩れていったのだった。

さらに言えば、マーコウィッツが示した分散投資の効果も、この時期にはその効果が失われた。リスク資産は一斉に売られ、安全資産は一斉に買われる。バラバラな動きはリスクを減らすが、一斉に一方向に向かう動きはリスクを減らさない。分散効果を前提にポートフォリオを組んでいた投資家は、分散効果の消失というまったく想定していなかった事態に直面したのだ。

そうした混乱の中でにわかに浮上してきたのが、現代ファイナンス理論はそもそも根幹から間違っていたのではないか、という主張だった。

市場が効率的なら、今の市場価格は正しいということになり、そこから極端に大きく価格が動きことは考えにくい。動くとしても、すべての資産が一斉に動くことは想定されず、バラバラな動きとなって相互にリスクを相殺してくれるだろう。つまり、市場は基本的に安定しており、適切なポートフォリオをもつことでリスクを限定することができる。

理論と現実の間に多少のずれはあるとしても、おおむねそのようには言えるはずであった。だが、実際にはそうではなかった。だとすれば、市場は効率的でも何でもないのではないか。正しいわけでも、安定しているわけでもなく、予測不能な異常事態はいつでも起こりうるのではないか。

こうした考え方を代表する論客の一人が、ナシーム・ニコラス・タレブである。タレブはレバノンの名家に生まれ、フランス、米国で学んだ後、数々の金融機関で主にデリバティブのトレーダーをしていた人物だ。現在では、現代ファイナンス理論に対する最も辛辣な批評家として知られている。

そのタレブの『ブラック・スワン』(邦訳・ダイヤモンド社)が出版されたのが、2007年のことだった。この本は、そのすぐあとに起きたリーマン・ショックの到来を予言した書として話題となり、ベストセラーになった。

ブラックスワンとは「黒いハクチョウ」のことである。人々は長い間、スワンには白いスワンしかいないと思い込んできた。ところが、実際には黒いスワンがいることがのちに明らかとなった。人間は自分が経験していないものは存在しないと思い込みがちだが、今まで見たことがないからといって、それは黒いスワンがいないことの証明にはならない。つまり、過去に起きたことのない異常事態でも、実際に発生しうる。タレブのブラックスワンとはそんな意味である。

ちなみに、タレブはマンデルブロにとても強い影響を受けている。非常に攻撃的で、歯に衣着せぬ辛辣な批判で知られるタレブだが、マンデルブロだけは特別扱いであり、著書『ブラック・スワン』はマンデルブロに捧げられる形となっている。フィナンシャル・タイムズ紙に共同で「正規分布を前提にリスクを計測することはできない」という趣旨のコラムを執筆したこともある。マンデルブロの安定分布が意味することは、非常に大きな価格変動が頻繁に起きるということだった。それを劇的に表現したものが、タレブの「ブラックスワン」だったのである。

リーマン・ショックは、白いスワンしかいないと信じ切っていた人たちの前に突如舞い降りたブラックスワンそのものだった。想定を超える出来事の連続に投資家は慌てふためき、金融機関のリスク管理はまったく機能しなくなった。そして、このような事態をまったく説明できず、対処するすべも示してくれない現代ファイナンス理論に対する批判は高まるばかりとなったのである。

金融技術革新が引き起こす新しいタイプの危機

サブプライムローン・バブルの崩壊とその後の金融危機がなぜ現代ファイナンス理論への批判につながったのかを改めてまとめてみると、それにはいくつかのポイントがある。

第一に、これほどの市場の大変動を既存の理論ではうまく説明できなかったことである。市場は、すべてではないにしても基本的に効率的で、極端な変動は絶対に起きないわけではないにしても滅多に起きない。それが、現代ファイナンス理論から導き出される市場の姿だ。それからすると、リーマン・ショックは起きるはずのない事態であり、対処のしようがない。

第二に、それまで政策面で主流となっていた市場中心主義[8]とでも言うべき新自由主義的な経済政策、金融政策への反発がある。端的に言えば、サブプライムローン・バブルの膨張に対して何ら抑制手段を取らなったグリーンスパンFRB議長をはじめとする政策当局への批判だ。グリーンスパンは、とくに効率的市場仮説の立場に立つ論客でもあり、人為的に介入するよりも市場に任せたほうがうまくいくという考え方だった。それがバブルを抑制不能なまでに拡大させたという批判を受け、その理論的背景となっていた現代ファイナンス理論もまた攻撃の対象となったのだ。

第三には、この金融危機に、デリバティブと証券化という現代ファイナンス理論が生み出した二大イノベーションとも言うべき金融技術革新が密接に関わっているという点がある。この点については、仕組みが理解しにくく、話が入り組んでいることもあって、正しく理解されないままにイメージ先行で議論されることが多いように思う。あたかも現代ファイナンス理論が誰にも理解できない怪しげな技術を生み、その怪しげな技術がサブプライムローン・バブルという怪物を作り出してしまった、というような感じだ。

私は基本的に、デリバティブや証券化などの金融技術はあくまでも技術であって、問題はそれを利用する人たちの理解度、モラル、彼らに与えられたインセンティブにあると考えている。ただし、先ほどのイメージの中にも重要な真実はあり、ここでは一つだけ具体例を示しておきたい。

リーマン・ショックの引き金を引いたとされるサブプライムローンの残高は百数十兆円くらいで、延滞率は最高で30%近くに達し、そのうち何割かが最終的な貸倒損失となった。もちろんこれは小さな数字ではないが、世界中を巻き込み、未曽有の危機といわれたリーマン・ショックの原因としてはかなり小さいと言える。小さな原因が大きな結果を引き起こしたメカニズムにはさまざまなものが考えられるが、たしかにそこにはデリバティブが重要な役割を果たしている部分がある。それは、デリバティブを利用することで、実際に存在している以上のサブプライムローンに投資をすることが可能だったという点である。

からくりの種は、**クレジット・デフォルト・スワップ**、略してCDSと呼ばれる取引にある。これは、一種の倒産保険のようなもので、ある企業が倒産したときにその企業が発行した債券が値下がりすることによって発生する損失を補塡してくれる契約である。たとえばA社に巨額の債権を抱えている会社があったとしよう。A社が倒産すれば、その債権が回収不能に陥り、大きな損失を被るリスクがある。そのリスクをヘッジするために、CDSを〝買う〟のだ。実際にA社が倒産したとき、債権は貸し倒れてしまうが、CDS取引の相手方がちょうどその損失に見合う金額を支払ってくれる。もちろん、CDSを買うということは、保険に入るのと同じだから、保険料に相当するものを相手方にあらかじめ支払っておかなければならない（**図11**）。

このCDSは、企業や国の破綻から生じる損失リスクを回避する手段として1990年代に登場し、急速に普及していった画期的な新ビジネスだった。これがサブプライム

図 11　CDS（クレジット・デフォルト・スワップ）の仕組み

任意の参照企業（国や証券化商品でも可）を選び、
買い手はその参照企業が破綻したときに補償金を受け取る権利を得る。
その対価として売り手にはプレミアムを定期的に支払う。
（参照企業が破綻しなければ、買い手が売り手にプレミアムを支払うだけで終わる）

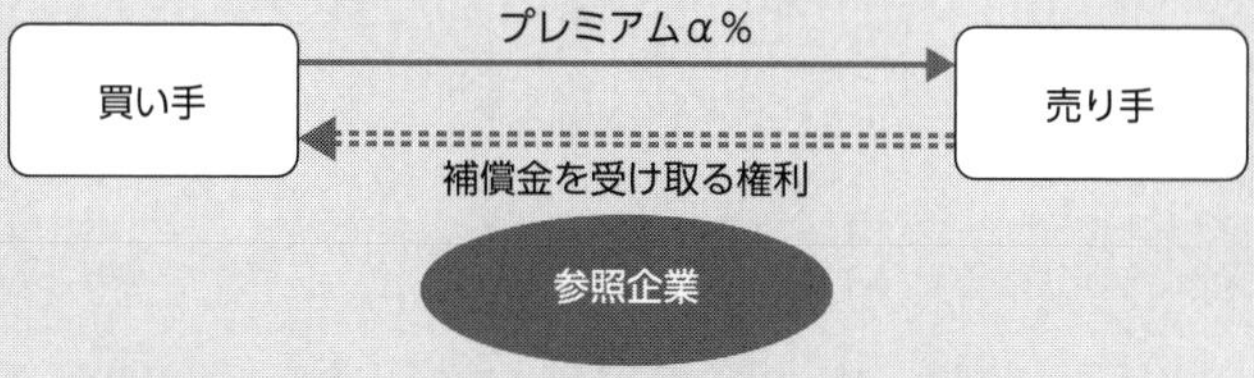

実際に取引期間中に参照企業が破綻すると、プレミアムの支払は中止され、
買い手は一定の計算方法で計算された補償金を売り手から受け取る。

ローン・バブルの膨張と崩壊にも大きな役割を果たすことになる。

デリバティブ取引の大きな特徴として、取引の当事者同士で柔軟に取引条件を設定できるということがある。それが、デリバティブ市場の急成長を支えたポイントの一つだ。もちろんCDSでもそうである。

たとえば、サブプライムローンを証券化して発行された債券が100億円あるとする。その債券がデフォルト、つまり約束通りに元利払いができなくなるとその債券価格は大きく下がって、保有者は損失を被る。そのリスクをヘッジ（回避）するためには、その証券化された債券を対象とするCDSを買えばよい。だが、CDS取引を行うのに、対象となる債券を実際に保有している必要はない。取引相手さえ見つかれば、実際に保有していない債券を対象にした取引でも可能なのだ。また金額についても、債券の発行額が100億円だからといって100億円までしか取引できないというようなこともない。取引相手さえ見つかれば1000億円分の取引をすることだってできる。

このCDS取引でリスクをヘッジする側を買い手（バイヤー）、その相手側を売り手（セラー）と呼ぶ。立場を変えてセラーの側からこの取引を見てみよう。セラーは、もし対象の債券がデフォルトすると債券価格の値下がり分をバイヤーに支払わなければならない。その代わり、保険料に相当するものをあらかじめ受け取れる。この保険料相当分を

ＣＤＳプレミアムとか、ＣＤＳスプレッドと呼んでいる。対象となっている債券がデフォルトすることがなければ、このプレミアムを受け取ってそれで終わりだ。その代わり、デフォルトすればその債券に生じた損失分を負担する。

要するに保険を引き受けているのと同じようなものだが、少し見方を変えると、経済的にはその債券そのものを保有しているのと同じ効果をもつ。債券を保有している場合は、デフォルトしなければクーポンと呼ばれる利息を受け取って、それが収益となる。でもデフォルトすると、元本が棄損して損失が生じる。これはセラーから見たＣＤＳも同じだ。だから、セラーとしてＣＤＳ取引を行うことで、特定の債券にいくらでも好きなだけ投資しているのと同じ効果を作り出すことができるのである。

サブプライムローン・バブルで実際に行われたのは、サブプライムローン関連の証券化商品を対象としたＣＤＳ取引をセラーの立場で行ったものをいくつも集めてきて、それをさらに証券化して本当の債券に作り替え、世界中の投資家に販売するという複雑なスキームだった。これはシンセティックＣＤＯ[9]と呼ばれているもので、デリバティブと証券化という金融技術革命の二大中心技術を組み合わせた商品である。

こうして、１００億円しかない元の債券と同じリスク特性をもつ債券がいくらでも作り出せるようになる。さらにそのシンセティックＣＤＯを集めてさらに証券化するなどということも活発に行われた。[10] こうして、サブプライムローンのリスクは増幅されながら世界中にばらまかれたのだった。

デリバティブは魔法の杖ではない。デリバティブの計算に使われる数式では、いつもリスクとリターンが等式で結ばれている。つまり、リスクのないところにリターンを生み出すような真似はできない。デリバティブは、その等式が成り立つ範囲で、リスクやリターンの形を変えたり、交換したりするにすぎないのだ。だが、実際に存在するものを何倍にも膨らませていくらでも新たな投資商品を作り出せてしまうという点では、デリバティブはまぎれもなく現代の錬金術と言える。

おまけにデリバティブも証券化も、自由に取引が行われるので、その実態がつかみづらい。世の中にいったいどれだけのサブプライムローンがらみのリスクがあるのか、そしていったい誰がそのリスクを抱えているのか、まったく分からない状況であった。

サブプライムローン・バブルは、証券化やデリバティブという金融技術革新抜きでは語れない新しいタイプのバブルだったのである。

JPモルガンが未曽有の危機を切り抜けられた理由

前章では、客観的なリスク管理のためには過去データに依存せざるをえないという話をした。しかし、リーマン・ショックは過去に例を見ない〝ブラックスワン〟の襲来だった。

過去のデータに依存したVaRなどのリスク管理手法がほとんど有効に機能しなくなったことも、当然と言えば当然であった。何が起きたかと言えば、事前にVaRで計算されていたよりも、はるかに大きな損失が現実に生じてしまったのである。

たとえば事前に計算されたVaRが1000億円で、それに対する備えとしての自己資本が5000億円だったとしよう。一見するところ、リスクに対する備えは十分であるように見える。ところが実際に発生した損失がVaRの何倍にもなったら、あっという間に自己資本は吹き飛んでしまう。実際に起きたのはそういうことだった。

ただ、直面した事態はどの金融機関でも同じだったはずだが、結果には大きな差が生まれた。その差を生んだものはいったい何だったのだろうか。

2008年9月に破綻し、一連の危機を象徴する存在として永遠にその名を残すことになったリーマン・ブラザーズは、それに先立つサブプライムローン・バブルの中で、リスクを度外視した積極的な業務拡大姿勢をとったことで知られている。リスク管理部門はただの追認機関となって発言力を封じられ、リスクに警鐘を鳴らすものは中枢から外されていった。過大なリスクテイクに対する歯止めが存在しなかったのだ。

サブプライムローン・バブルが崩壊したあとはどうだったのか。普段からリスク管理を軽視する組織が、いざというときに軽やかに方針を切り替えることができるなどとは考えないほうがよい。リーマンでは、危機が表面化してからもリスクの削減は一向に進まず、それがやがてリーマンを追い詰めることになる。それは、ＶａＲの計測手法に伴う限界といった技術的な問題より以前に、経営陣によるリスク管理への意識の欠如がもたらしたものと言える。

その一方で、ゴールドマン・サックスやＪＰモルガンなど、経営課題としてのリスク管理の伝統がしっかり根づいた金融機関は、難局を乗り切って見事に生き残りを果たしている。そのうちＪＰモルガンの事例を、ここでは見ていこう。

ＪＰモルガンは、「１００年に一度の危機」ともいわれたこの大混乱をほぼ無傷で切り抜けた。危機が過ぎ去ったあとでＪＰモルガンはさまざまな政治的逆風にさらされることになるのだが、それもあまりに見事な〝独り勝ち〟の状況が招いたものともいえ、それだけ素晴らしい危機対応だったと言えるだろう。

その陣頭指揮にあたった人物は、ジェイミー・ダイモン。彼も、ウェザーストーンとはまた違う意味で日本の大手金融機関のトップには絶対にいないタイプの経営者だ。少し下世話な週刊誌風にいえば、乗っ取り屋あがりのハゲタカ経営者というところだろうか。

ダイモンは、ギリシャ系移民の3世である。父親は証券ブローカーとして成功し、家は裕福だった。タフツ大学、ハーバード大学ビジネススクールを優秀な成績で卒業したダイモンは、当初大手投資銀行への就職を検討するも、父親の友人で、金融業界の風雲児でもあったサンディ・ワイルに誘われて、彼が社長を務めるアメリカン・エキスプレス（アメックス）に入社した。

ジェイミー・ダイモン
(Jamie Dimon／1956〜)

ワイルは、やはり証券ブローカーあがりで、自分で証券会社を興し、その後合併・買収を繰り返して身上を大きくしていった人物である。それをアメックスに売却して、自分はちゃっかり社長（米国の場合は通常、ナンバーツー）に収まっていたのだ。

ところが、堅実なアメックスの社風に合わなかったのか、間もなくワイルは放逐されてしまう。一方のダイモンは社内での評価が高かったので、そのままアメックスでサラリーマンとしてキャリアを積む選択肢もあったのだが、結局会社を辞め、ワイルと行動を共にすることになる。

ワイルはこの後、紆余曲折を経て、合併や買収により一大金融王国を作り上げていく。そしてダイモンは、その若き片腕として辣腕を振るった。ダイモンによれば、ワイルは実務ができなかったので、買収交渉や買収先の経営立て直しなどはダイモンが中心的役割を担っていたという。やがて彼らの王国は、名門投資銀行ソロモン・ブラザーズを傘下に加え、やがて大手金融グループであるシティバンクと合併することで米国を代表する巨大金融帝国となっていくのである。ワイルは、ついにその新生シティグループのトップにまで昇り詰めた。

だが、この前後からワイルとダイモンの関係が悪化し、今度はダイモンが放逐されてしまう。きっかけは、ワイルが自分の娘を要職に就けようとして、ダイモンに反対されたためだという。

そのときまだ42歳だったダイモンは、しばらく浪人した後、今度は経営不振に陥っていた大手地域金融機関バンク・ワンのＣＥＯに招かれ、経営再建を果たす。２００４年にＪＰモルガンがこのバンク・ワンを買収した。そして後継者不足に悩まされていたＪＰモルガンのＣＥＯウィリアム・ハリソンは、ダイモンを自身の後継者に指名する。大手銀行に吸収合併された地方銀行のトップが、その大手銀行のトップになったわけである。

まさに米国資本主義のダイナミズムの中を生き抜き、そしてついに大手金融機関のトップにまで成り上がったダイモンだったが、その経歴からも明らかな通り、彼は金融業務そのもののプロではない。米国の投資銀行では、花形業務のトッププレーヤーだったものがトップに就くことが多いのだが、ダイモンはそうではなく、リストラによって業績を回復させる〝コストカッター〟タイプの経営者と見られていた。彼にとって、そうした印象を払拭して求心力を高めるためにも、単なるコストカットだけで終わらずに、新しいビジネスを起こして業績を拡大するという実績が何としても必要だったのである。

そんな彼が目を付けたのが、当時他の大手金融機関が莫大な利益を上げていた住宅ローンの証券化というビジネスだった。ダイモンは、大胆なその経歴に似合わず、おいしい話にむやみに飛びつくようなタイプではない。組織を作り上げ、インフラを整備し、万全の態勢を整えてから一気に事を進める。それが彼のやり方だった。そして、準備が整い、いよいよビジネス拡大のゴーサインを待つだけの状況になったのが、２００６年のことだった。

だがそのとき、市場には、わずかにだが変調の兆しが表れ始めていた。サブプライム住宅ローンの延滞率が少しずつだが上がり始めていたのだ。このサブプライム住宅ローンは1990年前後に登場した新しいビジネスなので、歴史が浅く、どこまで事態が悪化しうるのか判断の材料に乏しい。リスク管理では、使われる理論モデルの精密さもさることながら、十分な統計的情報の裏づけがあるかどうかが重要である。サブプライムローンにはその裏付けが欠けていたのだ。JPモルガンがもともとこの分野であまり積極的でなかったのは、それも大きな要因だった。

他の金融機関では、こうした変調の兆しは大して気に留められなかった。なにしろ面白いほどに儲かる業務だったのだ。

また、同じ住宅ローンでもプライムと呼ばれる審査基準の厳しい住宅ローンは、安定した良質の金融資産として長い歴史を誇っている。「サブ」プライムローンについても、審査基準の厳しさに違いがあるとはいえ、同じ住宅ローンなのだから、基本的には安定しているはずであり、延滞率の上昇はすぐに止まるはずだと思い込んだのだ。

だが、ダイモンは自分に都合のよいように、そう思い込むことをしなかった。せっかく準備を万端に整えたのに、アクセルではなくブレーキを踏んで、慎重に事を運ぶように指示するのである。
その年の後半、サブプライム住宅ローンの延滞率は、すぐに止まるどころか、それまでの想定を超えてさらに上がっていった。最初はほんのわずかな変調の兆しにすぎなかったものが、いよいよ想定外のリスクとして浮上してきたのだ。すでに慎重姿勢で臨んでいたJPモルガンは、さらにリスクの抑制を徹底する。JPモルガンに次いだのがゴールドマン・サックスだった。彼らはこの分野で最も積極的なプレーヤーの一つだったが、2006年末から2007年初にかけて、大胆なリスクヘッジに舵を切った。[11]
一方で、メリルリンチやリーマン・ブラザーズといった他の大手投資銀行は、ここぞとばかりにアクセルを踏み込んだ。それまでトップを走っていたゴールドマンを追い抜き、慎重すぎるように見えるJPモルガンに差をつける絶好の機会と捉えたのだ。恐らく状況はすぐに改善する。だとすれば、状況が少しだけ悪化した今こそ絶好の買い場ではないか。リスクをコントロールすることよりも、ライバルを出し抜き、事業を拡大することを優先したわけだ。
結局、サブプライムローン・バブルが崩壊し、それが金融市場を大きく揺るがせる一大ニュースとして取り上げられるようになったのが2007年の夏である。そこからほぼ1年半にわたる深刻な金融危機が続くことになる。だが、勝負はその前にすでについていたのだった。

どの金融機関も、歴史の浅いサブプライム住宅ローンのリスクを的確に判断できるだけの材料や判定技術をもっていなかったという点では同じだった。それでも、リスクは小さいと判断して突っ走った金融機関と、自分たちが何か重大なリスクを見落としている可能性がないか常に目を光らせて業務方針の点検を怠らなかった金融機関との間で、大きな差が生まれたのだ。リスク管理は、単なる専門技術でもなければ、退屈な日常業務でもない。それは、経営判断そのものなのである。

業績を拡大しなければならないプレッシャーを抱えているのもまた、どの金融機関でも同じである。JPモルガンのトップに立ったばかりで、厳しい評価の目にさらされていたダイモンはとくにそうだっただろう。だが、だからといって過大なリスクを取ることは許されない。そして、リスクの判定にはいつもあやふやさが付きまとい、完璧なリスク測定手段など決して提供されない。だからこそ、経営者が判断を下さなければならない。ダイモンの決断がJPモルガンを救ったエピソードは、まさにそのことを示しているのではないだろうか。

ダイモンは、この原稿を執筆している時点でもJPモルガンのCEOを続けている。リーマン・ショックをほぼ無償で乗り切った彼にも、その後さまざまな苦難が襲いかかった。だが今、彼を「乗っ取り屋上がりの経営者」と呼ぶ者は一人もいない。むしろ近年最高のバンカーの一人に挙げられることが多く、彼がトップを務める名門金融機関の名前の由来となっている「金融王」ジョン・ピアポント・モルガンになぞらえる声さえ聞かれる。

予測できない結果を招く「バタフライ効果」

さて、リーマン・ショックには、単に過去に例を見ない事態という以上の大きな特徴がある。それは予想や分析がまるで役に立たなかったということである。その原因を探ることで、金融市場がなぜブラックスワンを招き寄せるのかというヒントも得られるかもしれない。

2007年夏に、住宅価格の下落とともにサブプライムローンの延滞率が大きく上昇し、バブルが弾けたことが明らかになったとき、それが世界を震撼させる金融危機につながると考えた者は、皆無とは言えないにしても、それほど多くはなかった。当初の損失額の見積もりはせいぜい10兆円くらいというところだった。もちろん、10兆円は大きな金額である。だが、世界的な金融危機を引き起こすほどの規模ではない。ところが、実際には世界的な金融危機が起き、最終的な損失額はそれよりもはるかに大きなものとなった。損失額についてはさまざまな試算があるが、1000兆〜2500兆円に上ったとの見方もある。[12]

見込みは、まるで見当違いだったのだ。しかも、それはすでにバブルが弾けたことが明らかとなったあとの見込みである。原因がすでに明らになっていたのに、それでも結果をまったく予想できなかった。だが、それは単に見当違いだったということ以上に深刻な問題を含んでいる。金融市場には、一見取るに足りない小さな原因が、とてつもなく大きな結果を引き寄せるメカニズムが存在しているようなのである。

それは**バタフライ効果**と呼ばれるものである。もともと気象学者のエドワード・ローレンツによって発見されたもので、彼が問題を提起したときに使った「アマゾンに棲む一匹の蝶の羽ばたきが、テキサスにハリケーンを引き起こす」という寓話から呼び名が付けられている。原因と結果の大きさがまったく釣り合わない現象で、しかも、蝶の羽ばたきがいつもハリケーンを引き起こすわけではないように、原因が結果に結びつかないこともある。そうだとすると、原因から結果を事前に正しく予測することはできなくなる。

バタフライ効果は、複雑系研究で扱われる**カオス**と呼ばれる状態の中で起きる。カオスとは一般的には混沌というような意味合いの言葉だが、複雑系の世界では、比較的単純なルールに従っているのに、予測不能なふるまいをするものを言う。一つひとつの動きは予測可能なのに、それらが組み合わさると途端に予測不能となってしまうのだ。そして、ときに些細な原因から重大な結果が引き起こされる。バタフライ効果も含むカオスのこうした特質を解き明かすのがカオス理論と呼ばれるものだ。

気象は典型的なカオスとされる。それこそ、ほんのわずかな気流の乱れが、さまざまな要因によって増幅され、いつの間にか巨大なハリケーンを引き起こしうる。

市場における価格変動も、ただランダムな変動がバラバラに積み重なっていくのではなく、このカオスのようなものと考えるべきなのではないだろうか。こうした見方は、一般に経済物理学と呼ばれている分野から提起されている。現時点で、必ずしもファイナンス理論にスムーズに取り入れられているとは言えないが、金融市場で予想を超える極端な出来事が生じることについて非常に有益なものの見方を提供してくれる。

カオスは、単純な因果関係の組み合わせが複雑な結果を生むというものだった。市場の価格変動も、基本的には比較的単純な因果関係で成り立っている。株を買いたい投資家が増えれば株価は上がり、売りたい投資家が増えれば株価は下がるという具合だ。だが、株価が動くと、今度はそれを見て投資家の気持ちが変わる。ある銘柄の株価が上昇するのを見て、さらに価格が上昇すると考えて買いたくなる投資家もいるし、株価が割高になったと考えて売りたくなる投資家もいる。そうした投資家の新たな行動が株価を動かし、それがまた投資家の気持ちを変える。

このような単純な因果関係の組み合わせだけでも、カオスは生まれるのだ。

カオスは、単にバラバラの動きが連なるランダムウォークとはまったく異なるメカニズムである。だが、予測不能であるという点では共通している。予測不能で、しかも正規分布よりもファットテールな分布を形成する。それは、金融市場に関する実証研究にもよく合致している。金融市場もまたカオスなら、バタフライ効果によって取るに足りない小さな原因が大きな結果を引き起こすことも十分にありうることになる。原因が定かではないブラックマンデーも、比較的小さな原因がとてつもない結果を招き寄せたリーマン・ショックも、まさにそういうことだったのではないかと考えられるのである。

フィードバックがもたらすカオスの世界

では、何が金融市場にバタフライ効果をもたらすのか。それは、**正のフィードバック**と呼ばれるものだと考えられている。まずは、バブルを例にとって見てみよう。

バブル期には、何らかの原因で株価が上がり、株価が上がることで株を買いたくなる投資家が増えるという構図が生まれる。株価が上がるということは、それに（たまたま）投資していた投資家は利益を上げるということであり、その投資家は「この株は利益をもたらしてくれるよい株だからもっと投資しよう」という気持ちになるかもしれない。もっと重要な変化は、その株に投資していなかった投資家に現れる。彼らは自分だけが取り残されたくはないので、他の投資家が利益を上げている株に投資したくなるのである。

こうして、買い手が増えることによって株価が上がり、その株価が上がったことによって買い手がさらに増え、それが新たな価格上昇を招いていく。これが正のフィードバックといわれるものだ。一つの結果が原因となって、自己を増幅するように作用していく。この循環が延々と続いていくと、いつかとんでもない結果に結びつくことになる。作用する方向こそ違えども、株価の暴落時に働くメカニズムも、やはりこの正のフィードバックである。

何らかの理由で株価が下落すると、それが原因で株の売りが誘発される。

一例が、信用取引の解消に伴う売りだ。信用取引では、お金を借りて自前の資金以上の株を買うことができる。たとえば自前の資金として100万円を証拠金として拠出すれば、200万円のお金を貸してもらえ、合計で300万円分の株を買うことができる。ただし、買った株の価格が下がると、追証《おいしょう》と呼ばれる追加証拠金を新たに拠出しなければ取引を継続できない。それができない場合には、買った株を売って即座に借りたお金を返済しなければならない。株価が下落し始めると、信用取引に絡むこういうやむにやまれぬ株の売りが出てきて、それがさらなる株価の下落要因になるのだ。

前章で触れたリスク管理のための売りも同様だ。株価が下がると、リスクが大きすぎると判断されて、株を売るように指示が出る。同じようなリスクを取っている金融機関や機関投資家が多いほど、また同じようなリスク管理手法を採用しているところが多いほど、リスク管理のための売りが一斉に出やすく、それがまた株価下落に結びつく。

こうして、株が下がると売りが誘発され、それが新たな株価下落を招く。売りが売りを呼ぶといわれる連鎖である。これが止まらなくなると暴落に至るわけだ。

価格が上昇する方向にしろ、下落する方向にしろ、正のフィードバックは価格の変動を増幅する。その結果として、単なるランダムな変動の積み重ねで考えられるよりもはるかに大きな価格変動が発生するのである。

そこで、次のような考えが浮かんでも不思議ではない。正のフィードバックが働くのなら、株価が上がったら買い、下がったら売ればよいではないか。実際に、そのような投資パターンはうまくいく可能性がある。モメンタム効果と呼ばれるアノマリーだ。

だが問題は、正のフィードバックが働いているかどうかがはっきりとは分からないことである。現実の相場では、いつも正のフィードバックが働いているわけではない。さらに、仮に正のフィードバックが働いていることが分かったとしても、それがいつまで続くのかはやはり分からない。そこには、正反対の働きをするもう一つのフィードバックの存在がある。

それが**負のフィードバック**というもので、これはある結果が自己を抑制するように作用するフィードバックなのである。株価が上がると割高に感じ、売りが増えるので株価は下がりやすくなる。株価が下がると割安に感じられて買いが増えるので、株価は上がりやすくなる。

金融市場には、このような正反対のフィードバックが共存している。どちらが優勢になるかで結果は正反対になるが、それを事前に予測することはできない。二つのフィードバックのせめぎ合いが新たな予測不能性を生んでいるのだ。

ただ、市場の価格変動の分布（130ページ図9）から、ある程度のことは分かる。③のファットテールが、正のフィードバックが働くことによって生じたと考えられるのは見てきた通りだ。今度は、①と②にも目を向けてみよう。ごく小さな価格変動の頻度が高く、中程度の価格変動は起きにくいということだった。これは、大きさが限定される日常的な価格変動の中では、上がると下がりやすくなり、下がると上がりやすくなるという負のフィードバックが効いている結果と考えることができる。

両者を合わせると、次のようなイメージになる。

市場では、普段は負のフィードバックが優勢で、価格がある程度動いてもすぐに押し戻される。ジグザグ運動を繰り返して、極端な値動きは起きない。一方で、原因はともかくとして何かしら大きな価格変動が起きると、一方向への動きが増幅される正のフィードバックが起動されることがあり、それがしばしばファットテールを生み出す。前者が市場の通常モードで、後者はたまに起きる緊急モードと言える。時間に占める割合でいえば通常モードのほうが圧倒的に長く、緊急モードはわずかだ。ただし、相場水準の大きな変動をもたらし、投資家の成績に決定的な差を生むのは緊急モードのほうなのである。

このように見ていくと、市場はすべてランダムな変動の積み重ねであるとする標準的なファイナンス理論とは、ずいぶん景色が違ってくると感じられるはずである。

この新しい市場観のもとでは、現実の相場変動と理論上の正規分布との食い違いは無視して構わない誤差などではなく、市場に本質的に備わっている構造的なものと考えられる。だとすれば、従来の理論では切り捨てて構わないとされていた異常な相場変動にこそ、我々は焦点を合わせなければいけないということになる。

残念ながら、市場はカオスであるとする新しい市場観においても、将来は予測できないとする予測不能性は消えない。それどころかカオス的予測不能性は、ランダムウォークによる予測不能性よりもはるかに危険で、ときに手に負えないものとなるのである。

現代ファイナンス理論へ向けられた誤解と今後に残された問題

リーマン・ショック後に現代ファイナンス理論に向けられた批判には、誤ったイメージにつながってしまうものも少なくない。よく聞かれる批判として、現代ファイナンス理論は正規分布を前提とする間違った理論だったとか、理論家も実務家も正規分布を絶対視していたから失敗したというものがある。ただし、こうした批判は必ずしも正しくない。

正規分布の仮定はたしかに現代ファイナンス理論の出発点ではあったが、そのすべてではない。マンデルブロの警鐘も完全に無視されたというわけでもないし、正規分布か

図12　変則ブラウン運動は正規分布にならない

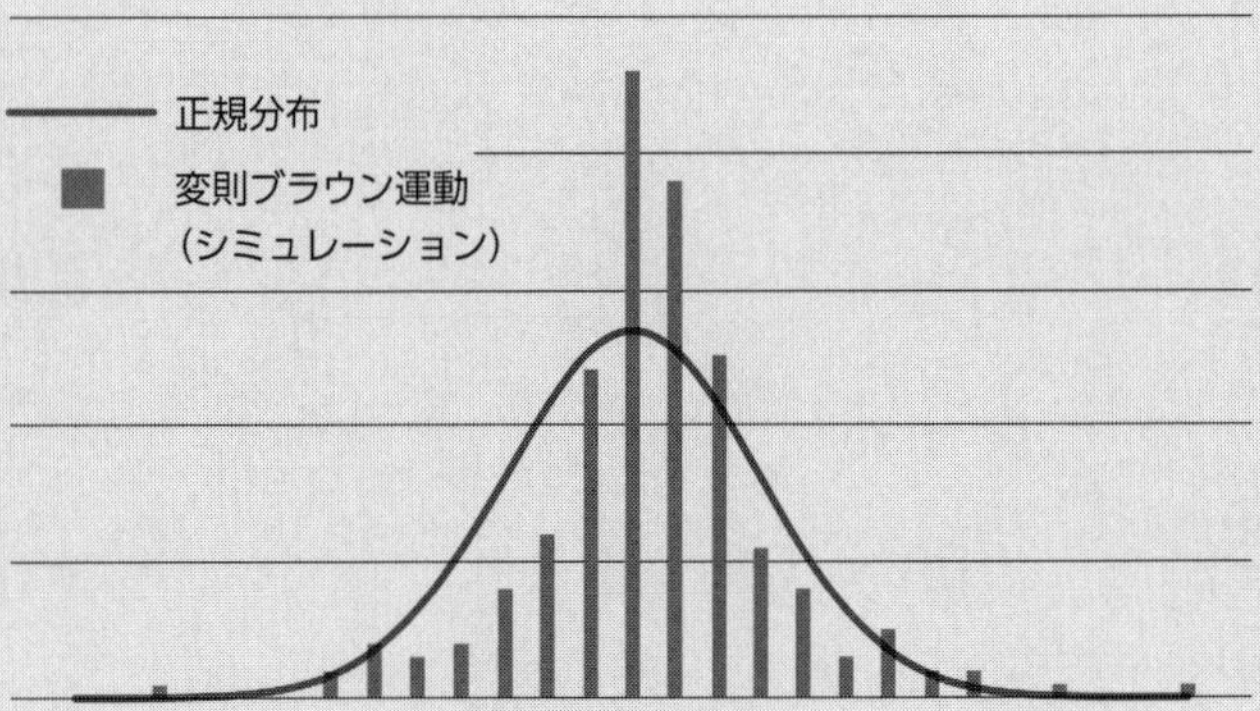

異なるボラティリティの変動を合わせると、“尖った”分布になる。

らの逸脱を示す「ファットテール」の存在は、専門家の間ではリーマン・ショックのはるか昔から知られていた、いわば常識だった。そして、ファイナンス理論やリスク管理の現場でも、こうした特質をどう取り込んでいくかについて真剣に考えられてきたし、正規分布に基づかないさまざまなモデルや計算手法も開発されてきたのだ。

その中でも有力な考え方に「**ボラティリティ・クラスタリング**」と呼ばれるものがある。クラスタリングというのは、対象となるものをいくつかの塊に分類することを言う。この場合は、相場変動の大きさを示すボラティリティが低く、したがって比較的小さな値動きしか起きない時期と、ボラティリティが高く大きな値動きが頻繁に起きる時期が別々の固まりをなしているという考え方だ。この章の最初に紹介した変動の大きさで水の温度が変わる装置における変則ブラウン運動は、まさにこの特徴をもつ。

図12は、ボラティリティが低いクラスターとボラティリティが高いクラスターからなる相場変動の頻度分布をシミュレーションしたものだ。理論上の正規分布に比べて、真ん中が高く両裾が広い〝尖った〟分布になっていることが分かる。

たとえば、リーマン・ショック前後の米国株の変動もこのような形状をしていて、正規分布からは程遠い姿となる。だが、これをボラティリティが低い時期とボラティリティが高い時期に分けてみると、それぞれの時期においては正規分布から決定的に逸脱するわけではないのだ。問題は、幅の違う正規分布をごちゃまぜにして一つの分布として捉えることから生じる。

こうした考え方を使えば、マンデルブロの安定分布やカオス理論を組み込まなくても、従来の理論や計算技法の大枠を変更しないままファットテールの要素を取り込むことができる。言ってみればこれが、現代ファイナンス理論のファットテールへの対処法だった。

とはいえ、こうした方法で、結局リーマン・ショックは予見できず、リスク管理がうまく機能しなかったのも事実である。その大きな要因の一つは、すでに述べたが、こうした正規分布からの逸脱という問題が、市場における本質的なテーマというよりも、専門的でテクニカルな話としてしか扱われてこなかったことにあると思う。

ファットテールの存在は、実際には多くの人が知っていた。だが、人間は頭で知ってはいても実際に経験していないことを具体的にイメージすることができない。グレート・モデレーションを〝常態〟として慣れ親しんできた者にとって、ブラックマンデーもブラックスワンも、生々しい脅威というよりも、話のついでのような付属のエピソードでしかなかったのである。

つまり、現代ファイナンス理論の欠陥は、ファットテールの存在を知らなかったことではなく、それが特殊な例外的事象であり、一部の専門家を除けばとくに気にしなくてもよいものと人々に思わせてしまったことにあるのではないだろうか。

さらに根源的なことを言えば、結局どんなやり方をしても将来のことは正確に予想できないという問題に突き当たる。

ボラティリティ・クラスタリングの考え方を取り入れたとしても、ではボラティリティがどのくらいまで大きくなるのかという前提を置かなければ将来のことは予想できない。その前提を置こうとしても、結局は過去がどうだったかということに頼らざるをえない。過去にないことを想定するにはどうしても恣意的にならざるをえないからだ。だから、恣意性を排して客観的な計測をするためにはどうしても過去に依存してしまう。タレブのブラックスワンは、その意味で正しい。過去にない出来事は決して予測できないのである。だが、タレブの主張にも難がある。ただ「予測できない」では実務は回らないのだ。具体的な数字がなければ、経営者が適切な経営判断を下すことも難しくなる。

もっとも、将来に起きうるすべてのことにあらかじめ備えておこうという考え方がそもそも間違っている可能性もある。すべての可能性を考慮した完全な理論モデルを求めるよりも、「予測できないことが生じることに、いかに対処するか」という新たな問題設定をすべきなのかもしれない。マンデルブロやタレブの問題提起は、ファイナンス理論に未解決の問題を突きつけていると言えるだろう。

【脚注】

1…正規分布と対数正規分布のどちらを仮定するのか、平均や標準偏差を算出するためにどの期間のデータを取るかによって、数字は大きく変わる。だが、いずれにしろ限りなくゼロに近い確率であることに変わりはない。

2…ボラティリティの確率変動を想定するストキャスティック・ボラティリティ・モデルや、ボラティリティの確率変動と粘着性を仮定するGARCHモデルなどがそれに該当する。

3…この章では○○分布というものがいくつも出てくるが、分布の種類はそれほど重要ではない。次項で述べるような正規分布との違いこそが重要な点である。

4…ここには明記していないが、実際の株価変動は重心がやや右に傾き、左の裾が伸びているという特徴もある。詳しい説明は省くが、多くの投資家が買いから入って最後に売るというパターンを取る現物資産市場ではそのような形状になることが多い。また、ここでは月次騰落率をグラフにしているが、日次騰落率だと正規分布との違いがもう少し際立ちやすい。

5…ブラック＝ショールズ・モデルで、行使価格に応じて計算に使用するボラティリティが変わることを「ボラティリティ・スキュー」とか「ボラティリティー・スマイル」と呼んでいる。

6…グリーンスパンは熱心な共和党員で、党内有力者に人脈があった。そのため、就任当初は共和党のお抱えエコノミストと見る向きもあった。ただし、その後は民主党クリントン政権でも絶対的な信頼を寄せられるなど、共和・民主四政権でＦＲＢ議長を務めた。

7…７０００億ドルをつぎ込んだ「不良債権救済プログラム」。いったん議会で否決された後、一部を修正したうえで数日後に可決された。だが、いったん巻き起こった市場の混乱はそれで収まることはなかった。

8…より批判的な表現としては、市場原理主義という言葉が使われる。

9…シンセティックとは「(デリバティブによって）合成した」というような意味。ＣＤＯは債務担保証券(Collateralized Debt Obligations）のことで、証券化商品の一種。

10…証券化商品を集めてさらに証券化することを再証券化という。実際には、再証券化商品をさらに証券化するという具合に何重にも証券化が行われることもあった。

11…ゴールドマン・サックスが大量のヘッジ取引を開始した時期については見方が分かれているが、ここではジリアン・テット著の『愚者の黄金』（邦訳・日本経済新聞出版社）に従った。ゴールドマンのヘッジの成功は当時大きな話題になっていたので、信憑性はかなり高いと思う。

12…影響範囲をどこまで含めるかで推計値は大きく異なる。Ｓ＆Ｐのチーフ・クレジット・オフィサーだったマーク・アデルソンの推計ではグローバルで15兆ドル（１ドル＝１００円として１５００兆円）、米国会計監査院の推計では米国だけで22兆ドル（２２００兆円）となっている。日米欧の金融機関が直接被った損失に限定すると、日本の財務省による約４兆ドル（４００兆円）という推計がある。

第5章 行動ファイナンスがもたらした光明

心理バイアスを解明する行動ファイナンスの登場

現代ファイナンス理論では、市場価格は常に正しいものとされる。それは、現在利用可能な情報がすべて織り込まれた価格であり、上がるも下がるも五分五分と言える価格である。すべての計算は、その前提から始まる。

この前提に対して、投資家は皆が情報を十分に活用して合理的な判断に基づいて行動しているわけではないから、市場で形成される価格は正しいとは限らないという反論がある。ただし、不合理な投資家が間違いを犯すとしても、それがバラバラに起きるだけなら実は大した問題にはならない。

例として、「群衆の知恵」と呼ばれるものがある。誰も答えを知らない問題を大勢の人に問うとしよう。多くの人が少しずつ正解とは違う答えを出す。ときには正解から程遠い答えを出す人もいる。ところが、大勢の答えの平均を出すと驚くほど正解に近くなる。個々人の答えはランダムにばらついているのだが、大勢が加わることで誤差は打ち消され、不思議にも正しい答えが浮かび上がってくるというわけだ。この群衆の知恵が金融市場でも働いているのなら、一人ひとりが正しい答えを知っているわけでなくても、市場はおおむね正しい答えを導き出すはずである。

現実はどうかというと、実際にそのように考えられることも決して少なくないのだ。多くの場合、市場は個々のエコノミストやファンドマネジャーよりも的確な予想を織り込むことが多い。大勢が注目しているテーマほど、また多くの情報が利用可能で、時間と手間暇をかければ比較的正確な予測を導き出せるようなものほど、市場の予測精度は上がる。

誰もが知っている情報を使って教科書的なファンダメンタルズ分析を念入りに行って

も実際の投資で好成績になかなか結びつかない原因も、これで説明がつく。そうしたことは市場が最も得意とする分野であり、市場はおおむねベストに近い予測をより早くに織り込んでしまっていると考えられるからだ。そうであれば、個人がいくら予測の精度を上げるべく努力を重ねても、それで市場を出し抜くことはできない。

だが、市場にも得手不得手がある。ある種類の情報に関しては「市場はおおむね効率的だ」と言えても、別の種類の情報に関しては「市場はとても効率的とは言えない」ということになる。後者の市場が得意でない分野とは、群衆の知恵が働かない場と言ってもよい。では、それはどういうところなのか。そういうところを見つけられれば、市場を出し抜いて自分だけの利益を得ることができるかもしれない。

ランダムウォーク理論でも、カオス理論でも、結局市場は予測できないという話ばかりだった。ようやく、それに対抗する話にたどり着いたわけだ。

今述べたような、市場が不得意としていて、したがって個々の投資家が市場に打ち勝つ可能性があるエリアというのは、今では大体分かっている。光明は人間心理の研究からもたらされた。

先ほども述べた通り、人がバラバラに間違えるのであれば、個々の間違いは相殺され、群衆の知恵が働く。その群衆の知恵に対抗しようとすることは的外れの挑戦だ。だが、人の心理に何らかの傾向的な偏りがあり、皆が同じように間違えてしまうのであれば、群衆の知恵は働かない。そのような問題に対しては、市場の答えは真の正解から一定方向にずれてしまう。そこを突くことができれば、市場を出し抜くことができるはずだ。

こうした人間心理の傾向的な偏り、すなわち心理バイアスと、それによる経済的な行動パターンの歪みを分析するのが**行動ファイナンス**と呼ばれる分野である。経済学に心理学の要素を取り入れたこの新しい学際分野を切り開いたのは、社会科学における〝レノン&マッカートニー〟と称される二人の心理学者だった。

道を拓いた社会科学の〝レノン&マッカートニー〟

今では行動ファイナンスの第一人者とされ、２００２年にノーベル経済学賞を受賞したダニエル・カーネマンは[1]、１９３４年に英国委任統治領パレスチナ（現イスラエル）のテルアビブで生まれた。両親はリトアニアからフランスに移住したユダヤ人だった。妊娠中の母親が親戚のいるテルアビブに滞在中に出産したので、テルアビブ生まれということになったのである。

カーネマンはその後フランスで育ち、マンデルブロと非常によく似た境遇で、ナチス・ドイツの侵略を受けたフランスで危険に満ちた少年時代を生き抜いた。戦後、父親を病気で失った一家は新天地を目指して、独立を目前に控えたイスラエルに移住する。折しも周辺のアラブ諸国との間で緊張が高まっており、直後にパレスチナ戦争（第一次中東戦争）が始まることになる。

ダニエル・カーネマン
(Daniel Kahneman／1934～)

エイモス・トベルスキー
(Amos Tversky／1937～1996)

カーネマンよりも三つ年下のエイモス・トベルスキーは、ポーランド出身の父とロシア帝国領（現ベラルーシ）出身でのちにイスラエルの国会議員も務めることになる母との間に、英領パレスチナのハイファで生まれた。カーネマンも独立後のイスラエル国防軍で兵士の心理分析や適性テストなどを担当する部署に勤務したことがあるが、トベルスキーに至っては１９５６年の第二次中東戦争時に落下傘兵として志願し、その後も第三次、第四次中東戦争に兵士として前線に立った。重傷を負ったこともあるし、勲章も授与された

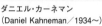

〝英雄〟であった。

やがて二人はヘブライ大学の教官として同僚となり、1960年代末から人の意思決定に関する共同研究を始めた。内向的で内省的、疑り深いカーネマンに対して、トベルスキーは天才肌で社交的、カリスマ性を帯びた人物だった。性格が正反対の二人の共同研究は大きく実を結び、行動ファイナンスの金字塔とされるプロスペクト理論をはじめとする数々の研究成果を連名で世に出していくのである。それは、異なる個性がぶつかり合って珠玉の名曲を数多く生み出したビートルズのジョン・レノン＆ポール・マッカートニーになぞらえられる天才コンビの誕生だった。

現在では、カーネマンの名前が世に通り、トベルスキーはその共同研究者としてかろうじて名が知られているが、当初は、シャイで口数少ないカーネマンよりも社交的で舌鋒の鋭いトベルスキーのほうが研究の中心的存在と見なされて脚光を浴びる存在だったらしい。そのことが次第に、夫婦よりも緊密といわれた二人の関係にひびを入れることになっていった。共同研究の成果は二人がいて初めて成り立ったものであり、トベルスキー一人の成果ではない。カーネマンは次第に共同研究に苦痛を感じるようになり、やがてトベルスキーと袂を分かつことになる。その直後にトベルスキーが末期のがんに侵されていることが分かり、二人は束の間の交流を取り戻した。

カーネマンは2002年に実験経済学のバーノン・スミスとともにノーベル経済学賞を受賞した。トベルスキーの名がそこにないのは、1996年に亡くなっていたからだ。ノーベル賞は生存している人物にしか与えられない。受賞スピーチでカーネマンは、生きていれば当然トベルスキーも一緒に受賞していたはずであると述べて彼をしのんだ。数々の研究成果を共同で生み出し、真剣にぶつかり合い、一度は決裂した盟友だからこそ、カーネマンにとっては特別な思いが込み上げてきたに違いない。カーネマンはその後も折に触れてトベルスキーについて語り、2012年に出版されてベストセラーとなった集大成の著作『ファスト&スロー』（邦訳・早川書房）でも、トベルスキーへの賛辞が連綿とつづられている。

さて、この何ともドラマティックな関係の二人が明らかにしたことは、「人はすべての利用可能な情報をもとに合理的に意思決定をするのではなく、特定の情報や思考パターンに従って直感的な判断をしており、そこには明確なバイアスが存在する」ということであった。

人の心理には特定の偏りがあり、その意思決定は一定方向に歪んでいる。そのため、投資家の心理を反映する現実の市場は、効率的市場仮説で考えられている効率的な状態からずれてしまう。現代ファイナンス理論と現実の市場に見られる微妙だがとても重要なずれを、行動ファイナンスは見事に説明する。今まで欠けていたパズルのピースがついに、もたらされたのであった。

行動ファイナンスの金字塔、プロスペクト理論で分かること

カーネマン&トベルスキーの業績は広範囲に及ぶが、なんといっても**プロスペクト理論**が最も重要だろう。その概略を見ていこう。

まず、次の二つの選択肢のうちどちらが望ましいかを考えてほしい。

A：50%の確率で何ももらえないが、残り50%の確率で10万円がもらえる

B：確実に5万円がもらえる

ほとんどの人はBを選ぶだろう。では、次はどうだろうか。

C：50%の確率で何も失わないが、残り50%の確率で10万円を失う

D：確実に5万円を失う

今度は、Cを選ぶ人が圧倒的に多い。

カーネマン&トベルスキーは、このような質問をさまざまにこしらえて、ひたすら実験と観察を続けた。そして、はっきりとした傾向が浮かび上がってきたのである。与えられた選択肢の組み合わせによって、人の判断基準は変わる。たとえば利益を得られる局面では人は確実性の高い選択肢を好み、損失に直面する局面では確実性よりも賭博性のある選択肢を好むのだ。これは、問題が提示されるときの枠組み（フレーム）によって人の判断が変わることから、フレーム問題とか**フレーミング効果**と呼ばれているものの一種である。

これをモデル化したものが、**図13**の効用曲線である。原点に当たる部分が「参照点」と呼ばれるもので、その参照点を上回るか下回るかで、人の判断基準は異なってくる。それが左右の効用曲線の形状の違いとして表されている。参照点は、本来は人によって、あるいは状況によって変わりうるというのがプロスペクト理論の特徴の一つなのであるが、ここではあまり難しく考えないでおこう。単純に、投資をして損益ゼロの状態を参照点とし、利益が出ている状態が右側の領域、損失が左側の領域とする。

図13　プロスペクト理論の効用曲線

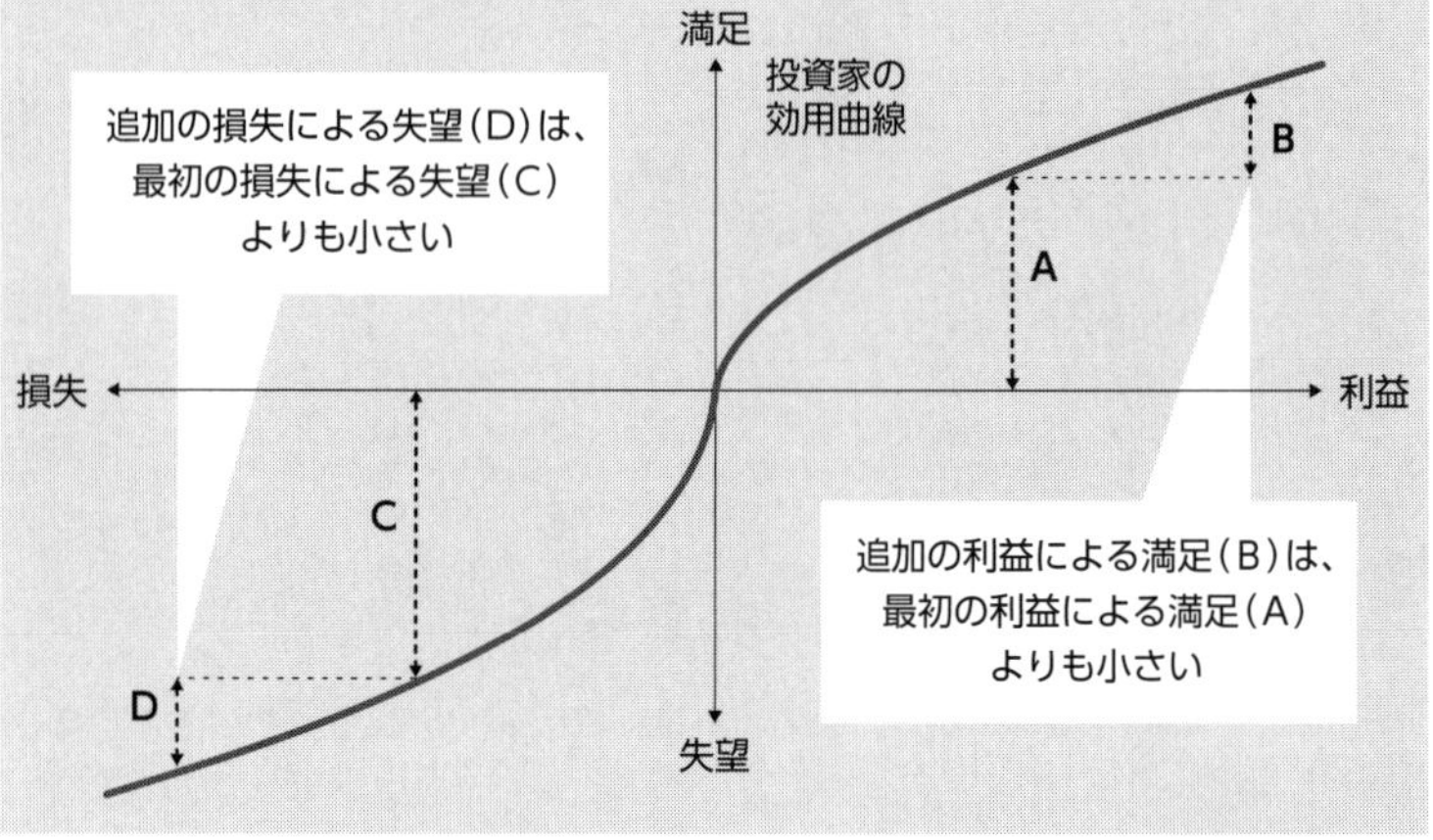

投資による利益が生まれると、効用はプラスとなって満足を得る。だが、その後の相場変動で利益が吹き飛んでしまえば、その満足もまた失われる。一方、利益の額が大きくなっていくと満足は増加するが、その増加幅は次第に小さくなっていく。つまり最初の100万円の利益で得られた満足よりも、そこから追加で100万円の利益を上乗せしたときに得られる満足は小さくなる。それが上に膨らんだ曲線で表されている。

だとすれば、最初に100万円の利益が生じたときに、それ以上リスクを取るのはやめて、その利益を確実なものにしたいと感じることになる。利益を生んだものはすぐに手放したくなるのだ。それが、効用曲線の右側半分が示していることである。

逆に損失が生じると、効用はマイナスとなる。失望を味わうわけだ。だが、損失額が大きくなると失望の増加割合は減っていく。だとすれば、追加で損失が発生することを恐れるよりも、相場が反転して最初の損失を消し飛ばしてくれることに賭けてみたくなる。その結果、投資対象を手じまいするのではなく、リスクを取り続けたくなる。

要するに「利益が出るとすぐに利食いをし、損失が出ると損切りはせずにそのままリスクを取り続ける」という非対称の行動パターンが生まれるのである。行動ファイナンスは理論から答えを導き出すものではなく、実験や観察を通じて現実の人間の行動からパターンをあぶり出そうとするものであり、実際にこの投資行動のパターンは、非常に多くの投資家に見られる。

プロペクト理論では、このような左右非対称の効用曲線のほかに、もう一つ主観的な確率を扱う確率加重関数というものが用意され、その二つを掛け合わせることで人の意思決定が行われるという具合に理論の全体像が作られている。

このプロスペクト理論は応用範囲が広く、さまざまな含意を引き出すことができるものなのだが、とりわけ重要なことはリスクプレミアムの存在理由が説明されていることであろう。リスクプレミアムとは第2章で説明した通り、価格変動が激しくリスクの高い投資対象に対する期待リターンの上乗せ分のことである。

株の期待リターンは安全資産である国債の期待リターンよりも高い。統計的に見て、長期的な株式投資のリターンが国債投資のリターンを上回っていることからも、それは明らかだろう。だが、人間が真に合理的なら期待リターンによって投資判断を下すはずであり、株式投資の期待リターンが国債よりも高いのであれば、誰もが株式投資をすることになる。そうすると株価はもっと割高となって、リスクプレミアムは消滅するはずだ。だが現実には、そうならない。

この疑問に答えるために再びプロスペクト理論の効用曲線に戻ると、真ん中にある参照点のところで、そこから右上に伸びる線と左下に伸びる線の角度が変わっていることに気づく。同じ金額の利益と損失を比べたとき、損失による失望の大きさは利益による満足の大きさを上回っている（CがAより大きい）のだ。人は、得られるものにではなく、失うものに、より過敏に反応する。それが、意思決定に大きな影響を及ぼしているのだ。

この心理バイアスを「損失回避傾向」と言う。だから、価格が大きく動く投資対象は忌まわしい損失を招く可能性が高いので、よほど値段が低くて利益が出る可能性のほうが高いと思えなければ投資をする気にならない。多くの人がそう感じるからこそ、リスクの高いものは価格が安く放置され、したがってそれに投資することで大きなリターンを得やすくなる。それがリスクプレミアムの源泉ということなのである。

早とちり、思い込み、偏見が市場にもたらす影響

プロスペクト理論に限らないが、行動ファイナンスでは、人の意思決定のほとんどは、さまざまな情報を客観的に比較分析した結果として導き出されるのではなく、パターン化された直感的な判断に従うものと考える。それは、早とちり、思い込み、偏見のオンパレードであり、合理性からはかけ離れている。

だが、それも意味なくそうなっているのではない。それらは人が長い進化の過程で獲得してきた能力なのだ。たとえ厳密に論理的で正しいわけではないとしても、おおむね正しい答えを瞬時に導き出す。そうした簡便な思考法を**ヒューリスティクス**と呼ぶのだが、ヒューリスティクスは人の祖先が太古の厳しい自然環境を生き抜くのにとても重要な役割を果たしてきたものだ。それゆえに人の心理の奥深いところにしっかりと刻み込まれている。

もちろん人には、他の動物には見られない合理的思考能力も備わっている。それが文

明や科学を生み、進歩をもたらしてきた。だが、そうした合理的能力は比較的新しく獲得したものであり、自分たちが思うほどにはいつもフル稼働しているわけではない。

カーネマンはそれを、「ファスト」と「スロー」の二つの思考システムとして説明する。ヒューリスティクスによって瞬間的な判断をするのが、ファストシステムだ。人は依然として多くの判断を、この太古の昔から連綿と引き継がれてきた思考システムに依存している。それは、我々人類が厳しい自然淘汰を勝ち抜いてきたことからも分かる通り、非常に優れた能力ではあるが、さまざまなバイアスの温床でもある。

もう一方のスローシステムは、合理的な思考を担当する。ニュートンやアインシュタインの物理理論も、本書で扱うファイナンス理論も、ここから生まれてきた。その能力には驚くしかないが、「スロー」と名づけれている通り、この思考システムは起動に時間がかかり、多大なエネルギーを消費する。

だから、その労力を節約するために、スローシステムは往々にしてファストシステムの直感的判断を正当化するためのつじつま合わせに終始してしまうことになる。その場しのぎの直感的判断による行動を、高度な論理能力を使って、さも自分が論理的に行動しているかのように見せるのだ。他人に対してだけでなく、自分自身にもそのように信じ込ませる。

プレッシャーにさらされ、時々刻々と変化する環境の中で瞬間的な判断を求められる局面になると、この直感的判断と事後的なつじつま合わせという組み合わせがとくに幅を利かせることになる。投資行動は、まさにそれが該当する場面と言えるだろう。こうして市場は歪められ、とても効率的とは言えない状態になるのだが、その渦中にいる当事者たちはそのことに気が付かないままである。自分たちはあくまでも合理的な判断をしたと信じているのだ。

行動ファイナンスが描き出したそうした市場観は、伝統的なファイナンス理論とはまるで異なるものである。だが従来の理論では説明できなかった数々の点を説明するロジックを、行動ファイナンスは与えてくれる。前述のリスクプレミアムの存在についてもそうだった。同じように投資家たちの合理的とは言えない行動パターンを明らかにすれば、その逆を突いて自分だけの利益を得ることを可能にしてくれるはずだ。

こうして行動ファイナンスは、現実の市場の非合理性を説明するという現代ファイナンス理論に欠けていた部分を補うだけでなく、誰も市場を出し抜くことができないというランダムウォーク理論に飽き飽きしていた投資家たちからも歓呼の声をもって迎えられることになるのである。

小型株や割安株に関心が向きづらい理由

第2章では、ファーマ＝フレンチ・モデルで、代表的なアノマリーとして、小型株効果、割安株効果が考慮されていることに触れた。これらは、どのようにして生まれるものなのだろうか。まずは小型株効果を見てみよう。

人は自分が知っているものを高く評価し、知らないものを評価しない心理バイアスがある。当たり前のように聞こえるかもしれないが、本来は、自分が知っているものの価値が高く、自分が知らないものの価値が低いとは限らないはずだ。でも、自分がどれだけ知っているかということによって、その対象がもつ価値の大きさを捉えてしまう。だから、大勢によく知られている銘柄ほど高評価が受け入れられやすく、割高になる傾向があると考えられる。

これこそ、知っている人が多い大型株よりも、知っている人が少ない小型株のほうが、パフォーマンスが良くなる理由の一つだ。

もう一つの理由は、株はその企業が優良だから上がるわけではなく、人が思っているよりも優良であれば上がるという点に求められる。

たとえば、株式投資に馴染みがある人ならば、優良企業の名をいくつも挙げることができるだろう。でも、そうした企業のほとんどは他の投資家も優良企業だと認めていることが多い。多くの投資家が優良企業だと認めている企業の株価は、その評価の高さを反映してすでに十分高くなっているはずである。そこから株価が上がるためには、多くの投資家が優良だと今思っている以上にさらに優良だったことが、今後明らかにならなければならない。そのハードルはかなり高い。

それよりも値段が上がるチャンスがあるのは、本当はとても優良なのに、まだ優良であることが大勢の投資家に認識されていない企業だろう。

そうした企業を大型の有名企業の中から見つけ出すのはとても難しい。大勢の投資家がさまざまな情報を集めて分析を尽くしているからだ。そうなると、自分だけが発見できる価値をそこに見出すことは難しくなる。

だが、大勢の投資家が目を向けず、場合によっては知りもしない企業の株についてはそうではない。たとえば大手の機関投資家のファンドマネジャーが相手にしないような企業、あるいは証券会社のアナリストが調査対象としていない企業であれば、意外な掘り出し物に出くわす可能性も高くなる。

こうした要因が、小型株に投資すると市場平均を上回るリターンを得やすいことにつながっていると考えられるのである。

次に、割安株はどうだろう。割安株というのは基本的に、成長性が低いとか、何らかのリスクを抱えていると見なされて、低評価に甘んじている企業の株だ。こうした株は、誰もが購入したがらないので株価が割安になりやすい。

単に安くなるだけではない。合理的に妥当と考えられる以上に安くなるのだ。それは、ダメだと思っている企業の株価がいくら下がっても、やはり買う気が起きないからである。人間の心理的傾向として、いったんダメだという印象をもつと、それが先入観となり、容易なことでは変わらない。逆もしかりで、いったん優良企業というイメージが確立した企業は、多少のことでは評価が揺るがない。だから、優良株は優良である以上に買われやすくなり、ダメな企業はダメである以上に売られやすくなる。

たとえば、本当は1株2000円の価値がある優良企業の株が、2500円で取引されているとしよう。その企業が評価にたがわぬ業績を残したとしても、すでに割高な水準にある株価をさらに押し上げることは難しいだろう。一方で、1株1000円の価値しかない低成長企業の株が、さらに安い500円で取引されているとする。相変わらず業績の低迷が続いたとしても、そんなことはすでに株価に十分すぎるほど織り込まれているから、実際にはその株が好成績を収める可能性は結構高い。

割安株効果はこのように、人気のない企業の株価が必要以上に下がるため、むしろそれに投資したほうが、成績が良くなるということを示している。

もう一つの有力なアノマリー候補としてモメンタム効果というものもあった。価格が上がった株は、その後も上がりやすいというものだ。これはどうだろう。これはバブルを生み出す好循環のところでも少し触れたが、行動ファイナンスの観点からもいくつかの説明ができる。一つの説明としては、人は価格が上がった株を良い株だと感じやすいということがある。

たとえばA社株が値上がりし、自分以外の投資家が大きな利益を出したとしよう。それを聞いた別の投資家はとたんにA社株に興味がわくはずだ。A社株で儲けた投資家が「A社はとても良い会社で今後も好業績が期待できる」とでも得意満面に解説しようものなら、いてもたってもいられなくなる。

こうした心理は、**バンドワゴン効果**と呼ばれるものをもたらす。日本語で言えば〝勝ち馬に乗る〟という心理状態のことだ。たとえば、アップル株がブームになっているとしよう。そのブームに乗り遅れることを人はひどく嫌う。自分だけが取り残されたくないのだ。だから、アップル株が勢いよく上昇していて、しかも、人々がそれを話題に盛り上がっていると、ただそれだけの理由で自分も飛び乗ろうとする。それが株価をさらに押し上げる。だから、ひとたびブームが起きれば、どんなに割高になっても株価は上昇を続けるのである。新たに飛び乗ろうとする人がいなくなるまでは。

相場が逆回転したときに起きるクラッシュでも、同様の説明が可能だ。皆が株を売っているときに、自分だけ株を買うようなことはしたくない。うまく相場が反転すれば自分だけが儲けられるかもしれないが、そんなことよりも自分だけ人と違った行動をしてけがを負うことだけは避けたいのだ。だから、いったん相場が崩れれば、どんなに割安になっても売られ続けることになる。

付け加えると、バブルは欲望の連鎖が引き起こす。クラッシュは恐怖の連鎖が引き起こす。恐怖は欲望よりも波及するスピードが速い。一気に広まってパニックが生じやすいのだ。だから、バブルは時間をかけて形成されるが、クラッシュは比較的短い時間で一気に起きる。

バフェットの超優良企業投資はなぜ儲かるのか

ここで、バフェットの優良企業への長期投資がなぜ優れた成績を残しているのかを行動ファイナンスの観点から少し考えてみよう。

先ほど述べたように大勢の投資家が認めている優良企業の株は、必ずしも利益をもたらさないということだった。バフェットが選ぶいわゆる「バフェット銘柄」は、誰もが知っている優良な消費財メーカーが多い。銘柄の特徴としてこうした企業の株価は大化けすることが少ないので必ずしもブームになりやすいとは言えないにしても、大勢が知らないからとか、問題がありそうだからという理由で割安に放置されている企業とは正反対である。むしろ、これらバフェット銘柄が優良な企業であることは誰もが知っている。なぜそうした企業への投資が実を結ぶのだろうか。

バフェットが好むのは、経済が落ち込んだとしても需要がなくならない消費財市場で圧倒的なブランド価値を築いた超優良企業だ。つまり、たとえ景気が相当悪くなっても、売り上げが大きく落ち込まないような企業である。リスクに鋭敏で、市場動向の変化に機動的に反応できる有能な経営陣がいれば、なおさらよい。将来のことは断定的に予測できないとはいっても、そうした企業が今後さまざまな経済変動の中でも着実に利益を上げていく可能性は恐らくかなり高いだろう。

だが、人はとても近視眼的な生き物なのだ。目の前のことを過大に捉える一方で、将来のことは、それが遠い将来であればあるほど、考えが及びにくくなる。だから超優良企業がその遠い将来においても生み出すであろう利益の価値は著しく過小評価されてしまう。これは**「近視眼的な時間非整合割引率」**などと呼ばれている心理バイアスである。

このバイアスによる価格の歪みは、短期的に修正されるようなものではない。誰もが近視眼的なのであれば、しばらくの間はその企業の長期的利益の価値は無視されたままとなるからだ。だが10年、20年経って、相も変わらずその企業が安定した利益を生み出し続けていれば、その実現した利益を反映して株価はじりじりと、だが確実に上昇していくはずである。その果実は、株を長期間保有していた投資家だけが手にする。

バフェットのように、金融危機が起こって超優良企業もそうでない企業も関係なく一斉に売られる状況で株を着実に買い増していけば、長期的なリターンはさらに大きなものとなるはずである。

こうして見ると、バフェットの人並外れた成績も、人間心理の偏りから生まれる市場の非合理性に目を向けることによって得られていることが分かる。

やはり行動ファイナンスは、市場を出し抜いて利益を得ることを可能にしてくれる打ち出の小槌なのだろうか。実際に、行動ファイナンスが脚光を浴びたのは、「行動ファイナンスを使って儲けられる」というイメージによるものだったと思われる。

しかし、ここで問題が生じる。本当にそれで儲けられるのなら、行動ファイナンスを学んだ者はみな同じように行動するはずだ。そうすればアノマリーはたちどころに消えるだろう。バフェットが好むような超優良企業の株価も、遠い将来の利益の分まで織り込んだ水準にまで上がってしまい、もはやリターンをもたらさなくなる。でも実際にはそうならない。なぜ一部のアノマリーは消えずに残るのか。なぜバフェットは60年以上にわたって素晴らしい成績を残し続けるのか。

その答えは、今も昔も多くの投資家が相も変わらず小型株や割安株を嫌い、超優良企業の長期的な利益を無視し続けるからだ。ファーマ＝フレンチ・モデルで小型株効果や割安株効果を学んでも、やはり誰もが知っている大型で割高な株に投資してしまう。バフェットの投資手法を勉強しても、やはり遠い将来の利益のことは見落としてしまう。

行動ファイナンスで扱う人間の心理バイアスとはそういうものなのである。心理バイアスは、気がついたらすぐに直せるちょっとしたクセというようなものではなく、心理構造の奥深いところに、いうなれば本能に根づいているものなのだ。それは無意識のうちに人の判断を導く。しかも、自分がバイアスにとらわれていることに人は気がつかない。だからこそバイアスは消えない。そしてアノマリーはなくならず、バフェットは利益を出し続ける。

行動ファイナンスが教えてくれるのは、他人の愚かさを学ぶことで簡単に市場を出し抜いて自分だけが勝者になれるというバラ色の回答ではない。たしかに人間の心理バイアスを知ることで、市場のどこに収益のチャンスがあるかを考えることができるようになる。だがその前に、行動ファイナンスから最初に学ばなければならないことがある。それは、自分が市場の歪みを利用する側にいるのではなく、市場の歪みを生み出す側にいるのだ、ということである。

人は本来投資に向いていない

ここで、改めてランダムウォーク理論と行動ファイナンスの関係をまとめておこう。ランダムウォーク理論は、どんな投資手法にも優劣はないという結論を導く。そして現実の世界でも、大まかに言えばその通りになっていると考えられることが多いということだった。だが、バフェットの優良割安株の超長期投資のように、長期にわたって好成績を収める特定の投資手法が、わずかにだが存在する。行動ファイナンスは、そうした特定の投資手法がなぜ良い成績を残せるのかという理由を説明してくれる。

市場が効率的であれば優れた投資手法は存在しえないわけだから、ある投資手法が本当に優れたものであるためには、市場に非効率性がなければならない。ではなぜ、そしてどこに非効率性が生まれるのか。そして、それをいかにして実際の利益に変えようとするのか。そうしたことがしっかりと考えられていなければならないのだ。

市場の非効率性は、金融政策や規制などによって人為的に市場が歪められることによって生じる場合もあるが、そうでなければ、主に人間の心理的な歪みによって生み出される。つまり、人間の心理バイアスを考慮しないランダムウォーク理論だけではいかなる投資理論も成り立たない。行動ファイナンスによって、投資理論は初めて本当の意味での「理論」となるのである。ならば、行動ファイナンスだけで事足りるのか。行動ファイナンスを学びさえすれば市場はもはや予測不可能なものではなくなるのか。それもまた、大きな勘違いである。

ランダムウォーク理論やカオス理論で導き出された市場の厄介な予測不能性は、行動ファイナンスによっても決して消えたりはしない。心理バイアスから生み出されたアノマリーによって期待リターンを高められるという意味でごく一部に予測可能性が生まれるとしても、相変わらず市場の変動のほとんどすべては予測不能な動きばかりなのだ。

たとえば、小型株の期待リターンが市場平均より高いことが分かったとしても、それは小型株を買えば確実に儲かることを意味しない。あくまでも長期的、平均的に見て初めてそう言えることであって、一つひとつの投資行動の結果は良かったり悪かったりが入り混じるだけだ。タイミングによっては、連戦連敗を重ねることだってあるだろう。一つの銘柄だけを選んだのであれば、小型株効果よりもその企業自体がどうだったのかに大きく左右される。期待リターンの高さを実際の利益に変えるためには、そうした個々のケースの予測不能性を乗り越えて、ひたすらその手法を続けていかなければならないのである。

次に、行動ファイナンスが本当に教えてくれるのは、人は本来投資には向いていないということである。

人は無意識のうちにいつも同じように不合理な判断を下してしまう。だが、自分の中ではうまくつじつま合わせをしているので、自分が偏った判断をしているとは露ほども思わない。行動ファイナンスの本を読んで、「これで市場（他の投資家）を出し抜ける」と思い込んでしまうが、本当は相変わらず、自分の判断は出し抜こうとしているその他大勢と同じ方向に歪んだままなのだ。

本能に従い、自分の直感を信じている限り、市場の非効率性の原因とはなっても、それを利用することはできない。さらに悪いことに、人には**自己奉仕バイアス**といって、「成功は自分の努力や才能のおかげ、失敗は偶然のせい」と考えるこれまた強力なバイアスをもっている。これでは、たまたま成功した手法に固執し、失敗しても「運が悪かったただけで、やり方が間違っているわけではない」と思ってしまい、成長しないどころか間違った手法にどんどん縛られるようになってしまう。

バフェットは、歴史から学べることは、人が歴史から学ばないということであると言っているが、それは心理バイアスの強さを物語っている。また、この言葉は、「歴史」という言葉を「行動ファイナンス」に置き換えてもそのまま通用するだろう。[2]

もちろん市場には勝者がいる。しかも、短期的には勝敗は五分五分に近いので、勝者は大勢生まれる。だが長期にわたって好成績を続けられる者はどんどん数が少なくなる。一方で、実力のある者が短期的に勝てるとは限らない。だが長期的には勝てる可能性がどんどん高まっていく。実力は、時間をかけてゆっくりとしか姿を現さないのだ。それでも、長い時間が経過して、気がついたときにはとてつもなく大きな差となっている。そしてその実力は、本能に抗うことによってのみ手にできる。

誤解のないように明記しておくと、本能的な直感がすべて悪いわけではない。優れた投資戦略は直感からスタートする。そうでなければ、いったいどのようにして戦略のアイデアが湧くだろうか。だが、一歩下がって、自分にも心理バイアスがしっかりと組み込まれていることを冷静に見つめる必要がある。他人はともかく自分だけはバイアスになどとらわれていないとか、合理的に考えることができるのだから他人の不合理を利用する側に回れると簡単に考えるのではなく、むしろ自分の弱さを受け入れたときに初めて物事を客観的に見られるのだと思う。行動ファイナンスがもたらす可能性は、そのことに気づくことで初めて開けてくることになる。

正統的ファイナンス理論との対立の構図

行動ファイナンスは、効率的市場仮説に象徴される正統的な現代ファイナンス理論への批判材料として位置づけられることが多い。行動ファイナンス派の経済学者であるロバート・シラー[3]は、その筆頭に挙げられるだろう。

ロバート・シラー
(Robert James Shiller／1946〜)

シラーは、株式相場の変動がファンダメンタルズの変動によって説明できる以上に大きく変動していることを示した研究で知られている。市場価格は効率的な水準にあるとはいえず、高すぎたり低すぎたりを繰り返すというわけだ。市場はいつでも正しいと仮定するよりも、シラーのこうした見方のほうが、感覚的には恐らく納得しやすいものと言えるだろう。

シラーはまた、ITバブルやサブプライムローン・バブルに対する警鐘を鳴らしていたことでも知られており、効率的市場仮説への反論の旗手としてリーマン・ショック以降は時の人になった観がある。ファーマが効率的市場仮説派のアイコンなら、シラーはアンチ効率的市場仮説派のアイコンだった。

その二人が2013年のノーベル経済学賞を同時受賞したことは、それだけに大きな驚きであった。これを、確たる理論が確立されていない経済学（あるいはファイナンス理論と言い換えてもよい）の混乱する状況を象徴する出来事と言うこともできるし、もしかすると両者の融合によって新たな進化が生まれることを期待する選考委員会のメッセージが込められたものと考えることもできるかもしれない。

だが、人はとにかく白黒をつけたがる。これもまた、非常に強力な心理バイアスの一つである。ある理論はまったくもって正しいか、さもなければ完全に誤ったものかのいずれかに分類される。二つの対立する理論があれば、どちらかが正しく、残りは間違っていると考える。

かつては効率的市場仮説が、仮説にもかかわらずに教条化され、絶対視されてきた。マンデルブロの警鐘がさざ波しか立てられなかったのは、そのせいであろう。リーマン・ショックのあとはすべてが逆転した。効率的市場仮説は間違っていた、それに立脚した現代ファイナンス理論も同様だ――そう受け止められていったのである。

だが、マンデルブロやタレブの警鐘とも共通するが、行動ファイナンスによる批判にも限界や課題はある。たとえば、市場は往々にして行きすぎるというシラーの考え方は非常に納得のいくものではあるが、では我々はそれをもとにどう行動すべきなのかまでは教えてくれない。

現在の市場は高すぎるのか低すぎるのか、あるいはどちらでもないのか。あとになってみれば、それを言うことは簡単である。だが、リアルタイムで判断することはとても難しい。

仮に今の相場は割高であるとか割安であるとかが言えたとしても、では適正な価格がいくらなのか、その適正な価格にいつ戻るのかを客観的に示すことはさらに困難だ。だから、どう行動すればいいのかも結局は分からない。

現代ファイナンス理論は、現時点の市場価格を正しいものとしてすべてを考える。シラーの指摘の通り、それは明らかにおかしい。だが、現代ファイナンス理論は、オプションの価格を計算したり、リスク量を把握したりする役割を負っている。計算をしなければならないのである。そのためには、計算の出発点となるものが必要である。市場価格を正しいものであるかのように扱っているのは、必ずしも市場が常に効率的であることを絶対視しているというよりも、それ以外に頼れるものがないという事情にもよるのである。

効率的市場仮説は、たしかに非現実的な仮定が多く、厳密な意味で成り立っているとは言いがたいだろう。だが、効率的市場仮説は現代ファイナンス理論の強力な理論的背景だったとはいえ、それがぐらついたからといって、現代ファイナンス理論がすべて用済みになるわけではない。金融商品の価値を合理的に見積もり、相場変動について確率的に評価していくという現代ファイナンス理論の機能まで否定して市場に臨むことは、結局は経験と勘を頼り、運に任せるだけの昔の博打的投資の時代に戻ってしまうことを意味する。

２０１３年のノーベル経済学賞に本当に何らかのメッセージが込められていたかどうかはさておいても、進むべき道は、白黒二元論を乗り越えて少しずつ理論を進化させていくことしかないのだと思う。忘れてならないことは、完全な理論など存在しえないということである。現時点では間違いなくそうだし、将来においても恐らく完全な理論は見つからないだろう。そうだとすると、すべてを説明する完全な理論を求めることに意味はないし、理論に過度な期待をかけることはとても危険なことでもある。だが、理論を完全なものにすることはできなくても、少しずつ進化させていくことはできる。

そうした意味では、現代ファイナンス理論は終わりを迎えたのではなく、新たな始まりを迎えたと言うべきではないだろうか。

【脚注】

1…ノーベル経済学賞を受賞はしたが、カーネマンは基本的に心理学者であり、本人もそのように認識しているようである。

2…「人は歴史から学ばない」という言葉はバフェットの専売特許ではなく、多くの人が語っている。弁証法で知られるドイツの哲学者ゲオルク・ヴィルヘルム・フリードリッヒ・ヘーゲルによるものがとくに有名だ。

3…イェール大学教授。米国の住宅価格の動向を示すS&Pケース・シラー住宅価格指数の開発や、長期的な利益動向との比較で現在の株価の割高・割安度合いを判断するためのシラーPER（CAPE指標とも言う）などの提唱でも知られる。

第6章
統計的手法と人工知能が別次元に導く未来

実績が上がっている五つの投資手法

ここまで、現代ファイナンス理論の変遷の歴史を見てきた。毀誉褒貶にさらされ続けながらも、いくつもの画期的なアイデアや理論が生まれ、実務にもさまざまに応用されてきた。機関投資家や金融機関の実務においても、これらの理論は欠かすことのできない土台を提供している。だが今、リーマン・ショックを経て現代ファイナンス理論への信頼は大きく揺らいでいる。

それでも、現代ファイナンス理論が生まれてきた経緯や、それに対する反論との相克の歴史からは実に多くのことを学ぶことができる。最後のこの章では、そうした観点から、現実の市場で大きな実績を上げたり、有望と思われている投資手法を取り上げ、それが理論上はどのように位置づけられるのか、あるいはそれが理論への批判とどのように結びついているのか、といったことを考えてみたい。

繰り返しになるが、現代ファイナンス理論の教えるところでは、個別の投資行動によって利益を得られるかどうかは単に偶然に左右される。たまたまうまくいっただけであっても、人はそれを「自分は勝てる方法を知っている」と感じる。長年投資を続けていれば、誰もが何度もよい思いをするはずだ。それは自分の判断が正しかったからそうなったのであり、それを続けていけば必ず通算成績も素晴らしいものになると信じるようになる。彼らには、偶然が世界を支配しているとするファイナンス理論は机上の空論にしか思えず、そこから学ぶものはないと感じられる。

だが、それこそが幻想なのだ。相場の世界で生み出される無数の成功と失敗は、すべてではないにしてもその多くはやはり偶然に左右されている。それなのに、その偶然の結果の中から人々は「こうすれば成功する」という方法を勝手に作り上げてしまう。理論や実証に裏打ちされない無数の投資〝理論〟なるものが生まれては消えていくが、その繰り返し自体は決してなくならない。

その一方で、本当に長年にわたって優れた成績を残すサルを多く輩出する森が、少なくともいくつかは存在している。偶然以外の要因で利益を上げられる投資手法は存在するということだ。ただし、どういう投資手法が本当に有効なのかを理解するためには、やはり理論的な背景が必要となる。

そのような理論的背景をもち、実績も上げている投資手法を挙げるとすれば、それはいくつかに限られる。人によって分類の仕方は多少変わるだろうし、もっと細かく分類することも可能だが、本書の趣旨にかんがみて、以下の分類を提示しておこう。

・銘柄選択
・リスクプレミアム
・トレンドフォローまたはコントラリアン
・非対称の収益機会（非対称の賭け）
・アービトラージ

人々の近視眼的バイアスを利用するバフェットの優良株長期投資が入っていないではないかという指摘があるかもしれないが、これは銘柄選択とリスクプレミアムの組み合わせと位置づけることができるため、ここでは独立の項目としては挙げていない。

また、四番目の非対称の収益機会は、市場が明らかに間違っているときにそれを突く戦略のことを指しているが、必ずしも一般的な呼称ではない。そもそもアカデミックな議論では、そのような戦略が期待リターンをもたらすのか議論の余地が大きいところだ。ただ、伝説的トレードとされるものの多くはこの分類に属すると考えられるので、あとで具体例を見ていくことにしよう。

ほかの投資家とどこで差別化するか

前項で挙げた投資手法はすでに詳しく触れたものもあるが、それぞれ簡単に整理しておこう。

最初の銘柄選択は、第2章のポートフォリオ理論で見たが、理論上の回答は「銘柄選択に意味はなく、インデックスファンドを買うべし」ということだった。だが現実には、銘柄選択は、少なくとも部分的には有効な投資方法だと考えられている。なぜ理論では無効とされているのに現実には有効なのか。それは、理論では大勢の投資家がすべての銘柄にきちんと目を配っていることが想定されているのに対して、現実にはそれが無理だからである。

日本の上場株だけでも数千銘柄がある。どんな大手の運用会社でも、そのすべてをカバーすることは難しいだろう。証券会社のアナリストも、多くの投資家の興味を引く一部の人気銘柄に労力を注がざるをえない。

だから十分に分析されず、したがって利用可能な情報がその価格にきちんと反映されていない銘柄が、現実には多く存在するのである。

では理論が間違いだったかというと、必ずしもそうではない。理論は、あくまでも現実を単純化、抽象化したものなのだ。そのエッセンスは、ある銘柄を分析し、取引する参加者が多ければ多いほど価格形成がより効率的になるということである。だから有名な大型株なら、理論がある程度当てはまり、いくら分析に力を注いでも偶然以外の要素で勝つことは難しくなる。逆に、理論の前提を満たしていないところでは、チャンスが見出せるはずである。

ちなみに、多くの投資家に注目されていない銘柄の中から有望な銘柄を探すという地道な作業には、それなりのスキルや労力が必要である。個人投資家が一人で行うのは、無理とは言えないにしてもかなりハードルが高い。だが、専門の訓練を受けたスタッフをそろえた機関投資家ならば、この部分で他の投資家と差別化することが可能である。現実には大手の運用会社がそうしているとは必ずしも言えないのだが、投資家は自分たちがどこで優位性を発揮できるのか、その場所を見つけることから始めるべきだろう。

二番目のリスクプレミアムは、リスクが高いものほど期待リターンが高くなる点に着目するものである。ただし、いくら期待リターンが高くても、一つの銘柄に決め打ちしたら、期待リターンよりもその銘柄がどうなるかによって運用成績は左右されてしまう。リスクプレミアムを狙った投資ほど、分散投資を必要としているということだ。適切な分散投資を組み合わせることで、国債よりも社債、債券よりも株、大型株よりも小型株に投資するほうが平均的なリターンは高くなる。

このリスクプレミアムに関しては、伝統的なファイナンス理論においても、リスクに対する見返りとしての期待リターンという考え方が部分的には取り入れられている。たとえばCAPMでは、株式投資の期待リターンは、リスクフリー金利と株のリスクを取ることに対するリスクプレミアムの合計として表されている。さらに裁定価格理論では、それ以外のリスク要因を付け加えることも可能なように理論が組まれている。

さて、リスクプレミアム投資で気をつけなければいけない点として、その強い周期性が挙げられる。たとえばバブル期には、人々が浮かれてリスクに対する意識が薄れるので、リスクプレミアムは縮小、もしくは消滅する。逆に、相場が暴落したときには、人々がリスクに敏感になっているのでリスクプレミアムは豊富に存在する。そのときの社会的な心理状態から強い影響を受けるのだ。この点に関しては、伝統的ファイナンス理論ではほとんど考慮されていない。このように強い周期性を伴うリスクプレミアム投資が成功するためには、その周期性を克服できるように、かなり長いスパンで投資戦略を考える必要がある。

三番目に挙げたもののうち、トレンドフォローは順張りとも言われる手法だ。買われたものはさらに買われ、売られたものはさらに売られるという「モメンタム効果」を狙う手法である。コントラリアンはその逆で、逆張りである。買われたものが売られ、売られたものが買われるという「リターンリバーサル効果」を狙うものである。

この二つは相反する戦略であるが、それぞれが有効となる局面があると考えられている。一般的には、平穏な相場環境ではコントラリアンが優勢で、大きく相場が動いたときにはトレンドフォローが優勢になる。もっとも、今がどちらの手法を採用すべき局面なのか合理的な判断が困難なことが多く、どちらかの戦略に特化するか、あるいは二つの戦略を適宜スイッチすることで本当に期待リターンを引き上げられるのか、投資家の間でも、あるいは理論上でも、見解が分かれるところかもしれない。ただし、相場の方向性に賭けるタイプのヘッジファンドなどでは、トレンドフォロー戦略を主に採用するところが多いのではないかと思われる。

四番目の非対称の収益機会と五番目のアービトラージは、とりわけ重要なものと考えられるが、ここまで十分に触れてこなかったので、やや詳細に見ていくことにしよう。

ヘッジファンド第一号とその投資戦略

非対称の収益機会とアービトラージについては、ヘッジファンドが市場に大きな影響を与えた事例を中心に追っていくことにしたい。ヘッジファンドは投資の世界における最先端に位置する存在であり、何を収益源とするかという投資戦略も明確であるためだ。

本論に入る前に、まずはヘッジファンドについて改めて少し説明しておこう。ヘッジファンドは、専門的な運用手法を用いた大口投資家向けの私募ファンドの総称である。運用会社や投資銀行などの成功者が立ち上げることが多く、ヘッジファンドのマネジャーは、いわば投資のプロ中のプロである。最近では世界で8000を超えるヘッジファンドが存在するといわれており、あまりに数が増えて玉石混淆の観もないわけではない

が、最先端の投資手法を追うには絶好の対象だろう、
ヘッジファンドには、手数料が高い、運用内容が不透明、そのくせ成績が芳しくないなどの批判がとくに近年寄せられている。だが、その運用資産額は2016年末の時点でおよそ3兆ドル弱（300兆円以上）に達しており、それは彼らの少なくとも一部に対する評価の高さを反映していると考えられる。また、彼らの能力の高さを測る指標として適切かどうかは分からないが、この業界は他に比べるものがないほどけた外れの高報酬業界としても知られている。大手ファンドのマネジャーともなれば年収数百億円の年棒もざらで、ときに数千億円にものぼる。「メジャーリーガー並み」どころの話ではない。
このヘッジファンドの第一号は、アルフレッド・ウィンスロー・ジョーンズが1949年に創設したものとされている。それまでの投資信託などと大きく異なっていた点は、次の三点である。

(1) 株を買うだけでなく、空売りを組み合わせたこと
(2) 成功報酬型の運用手数料を導入したこ

アルフレッド・ウィンスロー・ジョーンズ
(Alfred Winslow Jones／1900～1989)

と

(3) 自分自身の資金をファンドに投入し、他の投資家と利害を一致させたこと

とくに、空売りを組み合わせることで、株式市場全体の価格下落リスクを抑えていたことから「ヘッジド」ファンドと呼ばれ、それが「ヘッジファンド」の語源になったといわれる。

ジョーンズはもともと金融業界の人間ではなく、バラエティに富んだ風変わりな経歴の持ち主だった。裕福なアメリカ人の両親のもと、オーストラリアのメルボルンで生まれた。米国に戻ってハーバード大学で学んだのち、ありきたりのエリート人生を送ることに疑問を感じて、一時期、貨物船のパーサーとして働きながら世界を就航した。その後、外交官となってナチス政権下のベルリンに赴任した際は、レーニン主義団体で反ナチス地下運動に携わっていたユダヤ系の女性と知り合って短期間だが結婚し、その影響で共産主義に一時傾倒したらしい。そのことが原因で国務省を辞めることになるが、ドイツの左翼団体とのつながりから、その後もスパイ活動に従事していたのではないかといわれている。やがてコロンビア大学大学院に進学して社会学を学び、学者としても一定の評価を得た彼は、次に経済雑誌フォーチュン誌の編集者となる。

その編集者時代に投資家たちのさまざまな行動パターンや手法の研究、分析を行ったことがきっかけで、48歳にして世界最初のヘッジファンドを創設することになるのである。彼が見たところ、多くの投資家たちはとても合理的とは言えない手法や思い込みに頼って投資しており、これなら自分でやれば十分に勝てると考えたわけだ。そして、その通りに彼のファンドは素晴らしい成績を残すことになる。

ヘッジファンドはその後、数が増えていき、富裕層の個人投資家などの資金を集めて静かに、しかし着実に拡大していった。一般の人々にもその存在が知れ渡ることになったのは、次に述べる英国ポンド危機をめぐる攻防によってだろう。その後は、市場で何かと説明不能な相場変動が起きると、「ヘッジファンドが動いた」という説明で済ませることが多くなった。それだけ相場に与える影響が大きい存在と認識されるようになったということだ。

〝ヘッジファンドの帝王〟ソロスが体現した市場の効率性

最初に取り上げる事例は、ヘッジファンドが一般にもその存在を知られるようになったきっかけとも言えるポンド危機についてである。非対称の収益機会の代表的な事例でもある。

このポンド危機で主役を演じたのは、ジョージ・ソロスである。このとき英国の中央銀行であるイングランド銀行に対抗してポンド売りを成功させ、「イングランド銀行を打ち負かした男」だとか「ヘッジファンドの帝王」と呼ばれるようになった。恐らくバフェットと並んで世界で最も有名な投資家の一人だろう。

ジョージ・ソロス
(George Soros／1930〜)

ソロスは、ハンガリーでユダヤ系の家庭に生まれた。ナチスによる事実上の占領やソ連軍によるブダペスト陥落を生き延び、戦後、英国に移住したのちに米国に渡った。東欧出身のユダヤ系として動乱を生き抜き、やがて米国で活躍したという点で、マンデルブロやカーネマンとやや似た経歴の持ち主である。米国移住後は、いくつかの中堅投資銀行を渡り歩いたのち、自前のヘッジファンドを創設した。

ソロスの投資手法は、幅広く世界に目を向け、主に世界経済の動向や大掛かりなイベントなどをもとに、特定の通貨、株、債券などの買いと売りを大胆に組み合わせていくというもので、**グローバル・マクロ**と呼ばれるタイプのものである。とくに国際経済における不均衡や主要国の政策の誤りなどを突くことを得意とし、その典型が1992年のポンド売りだった。

その当時、英国はERM（為替相場メカニズム）という欧州内での為替レート管理協定に加盟していた。これは、他の欧州通貨、とりわけ域内最強国ドイツの通貨であるマルクとの為替レートを事実上固定化するものである。だがこの時期、英国は経常収支の赤字拡大、景気の悪化に苦しんでおり、一方ドイツは東西統一後の活況に沸いていた。普通に考えればマルクが上がりポンドは下がるはずである。だがERM加盟国である英国はあらかじめ決められたレンジに為替レートを維持する義務を負っていた。

こうした状況の中でソロスは、ポンドの為替レートは実力に比べて高くなりすぎており、これを維持することは不可能だ、と考えたのである。そして、他のディーラーやヘッジファンドマネジャーたちとも連携を図りつつ、可能な限りの資金をつぎ込んでポンド売りを仕掛けた。このときソロスのファンドが売るために借り入れた額は、100億ポンド（当時の為替レートで2兆円以上）にのぼったという。これに対抗してイングランド銀行がポンド防衛のための介入で買うことになったポンドの総額は150億ポンドであった。たった一つのファンドで、イングランド銀行が買ったポンドの三分の二を売ることができる算段になる。他のファンドや一般投資家たちも同調すれば、イングランド銀行を追い詰めることは十分に可能だったわけだ。

9月16日水曜日、攻防は最高潮に達し、イングランド銀行はポンド買いの介入を続けるかたわら、政策金利を1日で三度、合計でなんと5％も引き上げて対抗した。しかし、それでもポンド売りの勢いは止まなかった。ソロスのファンドの資金力は十分だったし、他のヘッジファンド、銀行のディーラー、さらにはそれ以外の投資家まで多くが追随したのである。

同日夜、これ以上の資金をつぎ込むことを諦めた英政府は、ついにERMからの脱退を表明し、通貨防衛のために引き上げた政策金利を再び元に戻したのであった。歯止めを失ったポンドの対マルク相場は、文字通り急落した。軍配は、ソロスたち〝投機筋〟のほうに上がったのだ。この取引でソロスのファンドが得た利益は、当時の円換算額で2000億円程度に達したといわれている。

この出来事は、投機筋の攻撃に当局が敗れた屈辱の日として、〝ブラックウェンズデー（暗黒の水曜日）〟と名づけられている。そして、ごく一握りの大口投資家が仕掛けたマネーゲームによって経済が振り回されるという市場の暗黒面を露わにした衝撃的な事態と受け止められた。

こんなに荒々しくも暴力的な市場が、効率的だなどとどうして言えるのだろうか。だが見方を変えると、市場を歪めていたのは、実は当局のほうであったと考えることができる。ポンドの実力に応じた為替レートが市場で実現することを人為的に妨げていたのだから。それに、ソロスのポンド売りが成功したのは、他の投資家の間にも「今のポンド相場は高すぎる」という認識がある程度は共有されていたからだとも考えられる。

今から振り返ると、このＥＲＭからの離脱は、英国を実力に不相応なポンド高から解放し、金融政策の自由度を回復させることにつながった。そして、その後15年に及ぶ長期景気回復が英国にもたらされることになるのである。こうしたことから、１９９２年9月16日は、〝ブラック〟ならぬ〝ホワイト〟ウェンズデー（輝ける水曜日）とも称されている。そうした観点からすれば、ソロスらの行動は、人為的に歪められた為替相場を適正な水準に押し戻す市場機能そのものと言えなくもない。

アカデミックな議論の大きな落とし穴は、市場の効率性が自動的にもたらされるかのような印象を与えることにあるのではないかと思う。だが、市場はただ市場であるというだけで効率的になることはない。市場が効率的であるためには、市場が何らかの要因で歪められたときに、それを押し流してしまう力が働く必要がある。市場を歪める要因が強ければ強いほど、それを是正する力も強くならなければならない。それは、ときに暴力的な激しさを伴う。しかし、そうした力が働いて初めて市場は効率性を取り戻すのである。

「非対称の収益機会」にすべてをつぎ込む

ソロス自身が市場をどういうものと捉えているかについても簡単に触れておこう。ソロスを市場機能の担い手ともち上げたばかりだが、当の本人は効率的市場仮説には真っ向から反対している。市場というのは現実の経済の状況に対する評価をもとに形成されるものだが、彼によれば、その市場は「いつも間違っている」ということになる。なぜならば、人は誤解に満ちた生き物であり、現実を正しく認識できないからである。

さらに、そうした市場の誤った認識が、現実の経済の状況に影響を与える。それが市場の誤解を正当化してしまい、新たな誤解を生むもととなる。たとえば、高成長が続くという誤った認識が株価を上昇させると、その株価上昇が経済を刺激して成長を促す。それが、また株価に対する過度の期待を助長する。その結果、株価は経済の実力に見合った水準から大きく乖離してしまう。いうなれば経済の状況と相場変動の間にフィードバックが作用しているという考え方だ。彼はこれを**「再帰性理論」**と呼んでいる。

このソロスの再帰性理論は、正統的なアカデミズムの世界からは無視されてきた。ソロスは「投資家でなければ哲学者になりたかった」というくらいの哲学好きで、その著作などもなかなか難解である。そのため、抽象的で、ファイナンス理論で扱う対象とは考えられなかったのかもしれない。だが、こうしたソロスの市場に対する見方は、人の非合理性やフィードバック作用を背景としており、非常に説得力のあるものと感じられる。

もう一つ、補足を加えておこう。ソロスは神格化された投資家の一人であるが、では彼が神のごとくすべてを見通すことができるかというと、もちろんそんなことはない。ソロスは饒舌なので、相場や世界経済への見通しを語ることが多く、またその投資戦略に多くの人が視線を注いでいることもあって、何かイベントが起きるとソロスがどうしたのかということが取り沙汰されやすい。

そうした報道やときに噂話を追っていくと、ソロスの相場見通しは必ずしもそんなに当たっているわけではないし、「ソロスが相場の読みを間違えて損失を出した」と報じられることも決して少なくない。2016年の米国大統領選挙のときもそうだった。トランプ当選の一報を受けて株を大きく売り越しにして、その後の相場反転（いわゆるトランプ・ラリー）によって巨額の損失を負ったと報じられたのだ。

しかし、このような報道が度々ある一方で、ソロスの通算成績が非常に優れたものであることも、また事実である。その秘訣は、勝てるときにはできるだけ大きく儲けて、負けるときは損失をうまく抑えるところにあるようだ。トランプ・ラリーでの損失も、その後の機動的な戦略修正で損失は一定程度に抑えられたようである。

ポンド売りのときのエピソードを、もう一つ紹介しよう。ポンド売りはソロスの名とともに語られることが多いが、このときソロスのファンドによるポンド売りを実際に指揮したのは、雇われマネジャーだったスタンレー・ドラッケンミラーである。のちに、業界を代表するスターマネジャーとなった人物だ。

スタンレー・ドラッケンミラー
(Stanley Druckenmiller／1953〜)

ドラッケンミラーは、もちろんソロスと意を通じ合わせながらのことであるが、資金調達や他のトレーダーとの連携などポンド売りの準備を終えると、ソロスに対して「機を見てポジションを順次拡大していきます」と説明した。これに対してソロスは、「これが正しいディールなら、順次ではなく一気にポジションを拡大すべきだ」と言い放ったという。ドラッケンミラーは、のちに「これこそがソロスのソロスたるゆえんである」と述懐している。

絶好のチャンスと見れば一気にすべてを注ぎ込む。それが記録的な利益を生み出す。それがソロスの成功要因の一つなのだ。ただ、これを一般投資家がそのまま真似るのは危険だろう。そんなソロスにしても、自分の見通しが間違っているかもしれない可能性にはいつも気を配っている。だから、見通しを外したときに機動的に戦略を修正して、損失を抑えることができる。そうした面への配慮なくして、ソロスの大胆不敵な一面だけを学ぶべきではないのである。

さて、この事例から得られるもう一つの示唆は、この1992年当時のポンド相場のように、明らかに歪められた相場が実際に生じるということである。そして、歪められた相場は、「非対称な収益機会」をもたらす。これは必ずしも一般的な用語ではないが、とても重要な概念なので具体的に説明しよう。

ソロスがポンド売りを仕掛けたとき、結果は二通りのものが考えられた。一つは、ソロスの挑戦を跳ね返して英国がＥＲＭにとどまり、ポンド相場が維持されるというものである。だが、この場合、ポンド相場は維持されるだけで、一時的には多少は反発するかもしれないが、大きく上がる理由はない。もう一つのシナリオは、ソロスが勝ち英国がＥＲＭ離脱を余儀なくされて、ポンドが下がるというものである。そのときのポンドの下落幅は、恐らくとても大きなものとなる。利益と損失の関係がまったく非対称となっているのだ。

もちろん、ソロスが勝つ確率が非常に小さいのであれば、ただ単に損益が非対称だからといってこれが有利な投資機会になるとは限らない。もし市場が「公平な賭け」の場なら、次のような関係が成り立って、期待値がゼロになると考えられるからだ。

勝てる確率（小）×　利益（大）－　負ける確率（大）×　損失（小）＝　０

だが、先ほどソロスが調達したポンド資金が１００億ポンドに達し、他にもソロスに同調する投資家が多くいたことに触れた通り、ソロスの勝ち目はかなり高いと考えられた。勝てば大儲け、負けても小幅の損、しかも勝てる可能性が相応に高いのだから、期待値は非常に高くなる。つまり、以下のような関係が成り立つ「不公平な賭け」だったことになる。

ERMを離脱する確率（大）×ポンドの下げ幅（大）

＞＞ERMにとどまる確率（小）×ポンドの上げ幅（小）

言うまでもなく、このような投資機会は理論ではありえないこととされている。だがそれは、あくまでも市場が、理論が期待した通りに機能しているときだけである。誰かが人為的に市場を歪めているのだとしたら、もはや理論通りにはならない。

実は、伝説的なディールとされているものの大半は、こうした非対称の収益機会に大きなポジションを傾けることによって生まれているのだ。次の例も見てみよう。

ポールソン、テッパーなど、けた外れの成功を収めた投資家たち

『史上最大のボロ儲け』[1]（邦訳・CCCメディアハウス）という本がある。サブプライムローン・バブルの崩壊に賭けて大成功したヘッジファンドマネジャー、ジョン・ポールソ

ンを取り上げた本である。2007年、彼のファンドが得た利益は円換算でなんと1・5兆円、ポールソン個人の所得だけで4000億円相当といわれる。15年前のソロスの歴史的ディールと比べてもはるかに大きな利益だが、それだけヘッジファンドの影響力が増してきたことの証とも言えよう。

2000年代の半ば、中堅のヘッジファンドマネジャーにすぎなかったポールソンは、サブプライムローン・バブルによって住宅価格が上がりすぎていることに注目した。バブルが効率的市場仮説に対する大きな反証材料になっていることはすでに述べた。バブルでは、買いが買いを呼ぶ好循環によって株や不動産などの価格がとても合理的とは言えない水準にまで押し上げられる。だが、人々は楽観的なシナリオに酔い、リスクを軽視する。

ジョン・ポールソン
(John Alfred Paulson／1955〜)

米国のサブプライムローン・バブルでは、住宅価格が大きく値上がりした。ただ、価格が上がりすぎていたとしても、家を空売りすることは難しい。そこでポールソンが目をつけたのがCDS（クレジット・デフォルト・スワップ）だった。高くなりすぎた住宅価格はいずれバブルが崩壊して下がるはずであり、そうすると高値での転売をもくろんでサブプライムローンを借りていた人の延滞が増え、それを裏付資産とした証券化商品の元利払いが滞るようになるはずだ。そのときに利益が出るように、サブプライムローン関連の証券化商品を対象とするCDSを大量に買ったのだ[2]。

CDSは前にも触れたが、保険のような取引である。プレミアム（保険料）を払ってそれを買っておけば、対象となる債券の元利払いが滞ったときに巨額の保険金を受け取れる。何も起こらなければ保険金は受け取れないが、その場合も損失はプレミアムの支払いに限定される。損失が限定されているのに対して、利益の金額は非常に大きい。ここでも、利益と損失が非対称になっているのだが、利益を得る確率が小さく、損失が生まれる確率が大きければ特段有利な機会にはならない。

それに、もし対象になっている債券のリスクが高く、したがってCDSで利益を得る可能性が高くなったとしても、市場がうまく機能している限り、その分プレミアムも高くなるはずなので、やはり特段の有利不利は発生しないはずである。

だが、バブルとは大勢が浮かれているからバブルなのである。リスクのことは目に入らない。サブプライムローンのリスクはもともと高いはずだし、住宅価格が青天井で上がり続けることもありえないはずだ。だが人々はリスクを気にしていないから、リスクの対価であるはずのプレミアムも水準が上がらない。こうして非対称の収益機会が生み出される。

バブル崩壊の確率（大）×保険金の受取（大）
≫バブルが崩壊しない確率（小）×保険料の支払い（小）

この図式は、ソロスが1992年にポンド相場に見出したものと同じだ。だが、ポンド危機は人為的に作り出された歪みだったのに対して、今回は市場が作り出した歪みだった。

絶好のチャンスに気づいたポールソンは、集められるだけの資金を集めて、とにかく買える限りのCDSを買った。それが、サブプライムローン・バブルの崩壊に伴って〝史上最大のボロ儲け〟をもたらしたのである。

興味深いのは、第4章で述べたように、CDSがサブプライムローン・バブルの膨張にも大きな役割を果たしていたという点だ。バブルの膨張に深く関わった最新のデリバティブ取引が、そのバブルの崩壊から巨額の利益を上げることにも使われたのだ。いまやバブルの発生にも、史上最大のトレードを行うことにも、デリバティブが絡んでくる時代になったということだろう。

さて、ポールソンはこうして信じられない規模の成功を収めたが、ヘッジファンド業界では、すぐにこれに続く者が現れた。アパルーサ・マネジメントというヘッジファンドを率いるデビッド・テッパーである。2009年の彼の個人所得（ファンド単位ではない）はおよそ4000億円で、ほぼポールソンと並ぶ記録である。このときも、非対称の収益機会が彼に微笑んだ。

リーマン・ブラザーズの破綻から5か月が過ぎた2009年2月、金融市場は悲観一色に染まり、株式相場は何日かおきに急落を繰り返すという状況から抜け出せないでいた。100年に一度の危機、世界恐慌以来の深刻な事態、資本主義世界の終わり……。誰もが経験したことのない事態に打ちひしがれ、株価の下落はとどまることを知らないように思われた。

デビッド・テッパー
（David Tepper／1957～）

だが、バブル時には価格が上がりすぎるように、暴落時には価格は下がりすぎる。世界経済が本当に終わりでもしない限り、今の株価はあまりにも低すぎる。そう考えたテッパーは、とくに下げ幅が大きかった金融株をとにかく買いまくるのである。そして、翌3月を底に、株価が反転を始める。絵に描いたような底値買いだった。

ランダムウォークを前提とした正規分布の世界では、相場が上がる確率と下がる確率は左右対称となる。要するに五分五分だ。その変動幅の大きさも、上がるにしても下がるにしても大体同じようなものだ。だが、市場価格が極端に歪んでいる場合にはこの関係は成り立たなくなる。相場が反転する確率は50%を超えて高まり、しかもいったん反転すれば非常に大きな上昇が期待できる。

ソロスのケースでは、事実上の固定相場制が人為的に市場を歪めていた。ポールソンのケースではバブルに特有なあまりに楽観的な人々の気分が、テッパーのときには世を覆う悲観論が、市場を歪めたのだ。いずれも伝統的なファイナンス理論ではほとんど考慮されていない状況であり、そこにこそ巨大なチャンスが転がっていたということである。

ソロスが言うように「市場はいつも間違っている」かどうかはともかくとして、これらの事例は、市場がときにとてつもなく歪み、見当違いの価格を形成する場合があることを示している。だが、この三つの事例がいずれも伝説として語り継がれていることは、これほど典型的な非対称の収益機会が実はとても珍しいことも示しているように思う。

また、いずれの事例も、非対称の収益機会を利用できたのがほんのごく一握りの投資家でしかなかったことにも注目すべきだろう。いかに相場が人為的に歪められているからといって、100億ポンドを借り入れてイングランド銀行と渡り合える投資家はそうはいない。バブル期にその崩壊を見込む投資家は決して少なくないが、実際にそれに成功する者は非常に稀だ。相場の暴落時にひたすら株を買いまくることも、普通の投資家には到底できないことである。

伝説的なディールは華々しく印象に残りやすいものではあるが、それは実現することの難しさの裏返しであることを忘れてはならないだろう。

多くのヘッジファンドが好む〝落ちた1万円札探し〟

非対称の収益機会にすべてを賭け、一度に莫大な利益を手にする伝説的ディールはたしかに耳目を引く。一般にヘッジファンドと聞いてイメージするのはそういう派手なイメージだろう。だが、必ずしもそれがヘッジファンドの主流というわけではない。時代によって多少の浮き沈みはあるものの、ジョーンズの〝ヘッジド〟ファンドのように、売り買いを組み合わせて利ザヤを取るタイプのものが基本的に主流なのである。その中でも特徴的なものに「**アービトラージ**」という戦略がある。

アービトラージ（略して「アーブ」ともいう）は普段あまり聞きなれない言葉だろうが、金融の世界ではとても重要な言葉だ。日本語では、「裁定取引」あるいは「裁定機会」と訳されている。

もし市場が完全に効率的であれば、同じ経済効果をもつものは同じ価格で取引されるはずである。たとえば、同じ会社の株が二つの取引所で取引されているとすれば、どちらの取引所でも同じ価格で取引されるはずである。それらは取引される場が違っても同じ価値のものだからだ。もしその株が、A取引所では100円、B取引所では101円で取引されていたとすると、Aで買ってBで売れば労せずして1円のサヤが抜ける。しかし、そう考える投資家が何人もいれば、二つの取引所の価格差は解消して、同じ値段に収斂されていくはずである。

このように、経済価値が同等のものが別々の価格で取引されているときに、割安なほうを買い割高なほうを売ることで両者が収斂したときに利益を上げることを「アービトラージ」という。健全な市場では、このアービトラージが行われる結果として、一物二価の状態は解消されるはずである。その状態を「アービトラージフリー」といって、効率的な市場の一つのメルクマールとなっている。アービトラージフリーの〝フリー〟は、アルコールフリーでお馴染みの「何々がない」という意味なので「無裁定」と訳される。簡単に言えば、一物一価ということだ。

ここで現代ファイナンス理論を含む近代経済学を揶揄する有名なたとえ話を一つ紹介しよう。

ある人物が道を歩いていたら、1万円札が落ちていた。それを拾おうとすると、一緒に歩いていた経済学者が「道に1万円札が落ちているという不合理なことがあるはずはないから、それはニセ札に違いない」と言った、というものだ[3]。

落ちた1万円札は、ただ拾い上げるだけで利益を得られる「機会」のことであり、アービトラージに相当する。市場が完全に効率的であるならば、こうしたアービトラージの機会は存在しないはずである。たとえ話の中の経済学者は、効率的市場仮説の信奉者らしい。

だが、この話は明らかにおかしい。もし本当に道に1万円札が落ちていないのであれば、それは誰も落とさないからではなく、誰かがそれを拾うからではないだろうか。もし、この経済学者のように「道に1万円札が落ちているはずがない」と信じている人たちばかりなら、誰かが落とした1万円札は誰にも拾われずにずっと道にとどまり続けることになる。

つまり、効率的市場仮説の信奉者だけだと市場は効率的にはならないのである。効率的市場仮説を盲信せずにアービトラージの機会を虎視眈々と狙う投資家がいることによって、たとえ1万円札が落ちてもすぐに拾われて、初めて市場の効率性が維持される。そう考えれば、アービトラージで利益を上げることと、市場の効率性は真っ向から対立するものではない。

もっとも、今述べたような純粋で単純なアービトラージの機会はそれほど多くない。1万円札のたとえで言えば、人目につくところに落ちた1万円札はすぐに誰かに拾われる可能性が高い。もちろん、その人は労せずして1万円を手にするわけだが、簡単であればあるほど競争は激しくなり、継続的に利益を上げることは難しくなってくる。[4] 1万円札拾いをビジネスとして継続していくためには、もっと見つかりにくく、複雑なところに隠された1万円札を探さなければならない。こうして、手の込んださまざまなアービトラージの手法が生まれていくことになる。

このアービトラージの歴史を語るうえで欠かすことのできないヘッジファンドがある。それがロング・ターム・キャピタル・マネジメント、略してLTCMである。

金融工学の枠を集めた夢のファンドLTCM

ＬＴＣＭは、名門投資銀行ソロモン・ブラザーズ[5]で伝説的トレーダーとして名を馳せたジョン・メリウェザーによって１９９４年に設立されたヘッジファンドである。金融工学の世界的権威として名高いマイロン・ショールズ、ロバート・マートンという二人もメンバーに加わっていた。ウォールストリートと学界のトップが結集したまさに〝夢のファンド〟であった。

その投資戦略は、メリウェザーが得意としたアービトラージ、もしくはリラティブバリュー[6]といわれるものだった。似たような種類の証券を組み合わせて、そのうち割高になっているものを売り割安になっているものを買うという戦略である。

ジョン・メリウェザー
（John Meriwether／1947〜）

実際にＬＴＣＭが行っていたトレードにはさまざまなタイプのものが含まれているが、典型的な取引の一つが国債アーブである。これは、満期までの年限が近い国債の間で売買を組み合わせるものだ。普通に考えれば、同じ国債で年限も近ければ利回りも大体同じになるはずだ。だが、同じ国債にも取引が集中する銘柄とそうでない銘柄がある。前者はいつでも簡単に売却できるため安心して買えるので少し割高（利回りは低い）になっており、後者はその逆で少し割安（利回りは高い）になっている。そこで、前者を空売りし、後者を買うのだ。

やがて割高さや割安さが解消したところで反対売買をすれば利益が出る。市場が合理的な方向に向かえば利益が出るということになる。仮に価格差がただちに解消しなくても、満期まで保有していれば利回り格差の分は確実に収益になる。利益の幅は決して大きくないが、ほぼ確実に利益が見込める。

そこで、この手の取引では一般にかなり大きな金額で取引を行う。また、できるだけ多くの機会を見つけてたくさんのトレードを行う。そうすることで利幅の小ささを克服し、利益の絶対額を積み上げていくわけだ。そのために、借入などで自己資金を大きく超える額の取引を行うことも多い。そのとき、自己資金に対する取引額の倍率を**レバレッジ**という。

このレバレッジが高くなると、個々の取引の利益率が低くても、自分が投入した自己資金に対する利益率は高まる効果がある。その代わり、損失率も同様に大きくなる。利益率が低く、リスクも小さいアービトラージには、このレバレッジが付きものなのである。

LTCMは債券を中心とした運用を主としていたが、株を使った取引も一部ではやっていた。例を一つだけ挙げよう。石油メジャーの一つロイヤルダッチ・シェルは、2005年に単一の法人になるまでは、オランダのロイヤルダッチと英国のシェルという二つの別々の法人が共同で事業を行うという特殊な形態の企業だった。ただし両社は同じ事業を一体で行っており、実質的には同じ会社だ。だから、ロイヤルダッチとシェルの株価は、その共同事業の保有比率に比例したものになるはずである。だが実際には、その理論上の比率に比べて、ロイヤルダッチが割高で、シェルが割安に取引されていたのだ。そこで、ロイヤルダッチを売り、シェルを買う。両社の株価が理論値通りの比率に収束すれば利益が出る。

この種の取引はいかにもまどろっこしく、あまりエキサイティングなものには見えないかもしれない。だが、これが多くのヘッジファンドマネジャーが好むやり方なのである。彼らはソロスやポールソン、テッパーのようにここぞというときに一世一代の大博打を打つのではない。相場の先行きなども読まない。わずかだが確実に見込める利益をひたすら積み上げていくことで安定した成績を残していくのである。相場の変動に一喜一憂し、振り返ってみたら負け越しだったというようなことが多いこの世界で、〝プロ中のプロ〟たちが見出したもう一つの道と言える。

またこの手法は、長期的に見れば市場が合理性を取り戻すことがある程度前提となっており、市場の合理性を信頼する投資手法と言ってもよい。ファイナンス理論との相性は悪くない。

実際のＬＴＣＭも、当初の業績は実に素晴らしいものだった。たちまちにして世界中の投資家から資金が流れ込んで巨大ヘッジファンドへと成長していく。それだけではない。その成功はプロの注目も集め、大手投資銀行をはじめとしてＬＴＣＭの投資手法を真似する金融機関が続出し、たくさんのコピーファンドが生まれる事態となるのである。

ところが１９９８年、最先端の投資手法とリスク管理技術を備えたはずのこの夢のファンドが突如として破綻の危機を迎えたのだった。

常勝軍団を襲った〝盛者必衰の理〟

ＬＴＣＭの破綻劇は、現在では「理論に頼った頭でっかちの連中が落とし穴にはまった」話として語られることが多い。たしかに理論モデルやＶａＲによるリスク管理に頼りすぎてしまい、〝過去に例を見ない出来事〟が起きる可能性を軽視していたとは言えるかもしれない。[7] だが、そこにはさらに奥深い問題も隠されているように思う。

ＬＴＣＭは当初の成功によって、世界中の投資家から資金を引き寄せた。さらに、ＬＴＣＭの投資手法を真似したコピーファンドにも資金が集まる。そうなると〝複雑な１万円札探し〟の競争は熾烈なものとなり、お金は集まってくるのに利益を得られる機会はどんどん少なくなる。市場が効率化していくのである。そして市場が効率的になればなるほど利益を獲得するのが難しくなる。

それに対する対応策の第一は、レバレッジを高めることである。利ザヤが薄くなる分、借入を増やしたり、デリバティブを活用したりして、より大量の取引をする。第二の対応策は、もはやアービトラージとは言えないような、よりリスクの高い取引に手を出すことである。

１９９８年夏にロシア債務危機が発生すると、市場には緊張感が漂い、「質への逃避（フライト・トゥ・クオリティ）」と呼ばれる動きが強まる。リスクの高い商品からリスクの小さい商品へと資金を移動させることである。具体的には株や社債を売って国債を買う。さらに国債の中でも、取引がしやすい銘柄に投資家の資金が集中する。その結果、割高なものが一層買われ、割安なものは一層売られることになる。

このような理不尽な動きこそ、LTCMのようなファンドにとっては絶好の機会を提供してくれる。市場が不合理であればあるほど投資機会は増え、いずれ合理性が取り戻されるときに利益が生まれる。彼らの理論モデルによれば、市場の歪みは最高潮に達していた。LTCMはここぞとばかりに取引を拡大した。

ところが、8月にロシアが本当にデフォルトしてしまうと、さらなる質への逃避が起こったのである。市場の歪みは解消に向かうどころか、さらに大きな歪みとなった。あまりに取引を膨らませていたことも相まって、LTCMの損失は急激に膨れ上がっていくことになる。

LTCMおよびそのコピーファンドが苦境に陥り、ポジションの解消を図っていることが知られると、事態はさらに悪化した。LTCMやコピーファンドが保有しているものは、どんなに割安になっても、彼らが保有しているというただそれだけの理由で売られた。彼らが空売りしているものは、どれだけ割高になっても、彼らが空売りしているというただそれだけの理由で買われた。

LTCMの経営危機の原因としては、もちろんさまざまな要因があり、明らかに経営判断を誤ったという側面もある。投資家の高すぎる期待に応えるために、アービトラージとは名ばかりのリスクの高い取引に手を出し、レバレッジを極限まで高めていたことが仇となったのだ。一方で、そこには一種の宿命のような部分もある。

ある手法が成功すると、投資家の資金はそこに集まり、限られた投資機会に膨大なお金が流れ込むようになる。それが市場の効率化を促し、収益性は低下していくが、投資家の期待は過去に引きずられて容易には沈静しない。競争は激しさを増し、ファンドマネジャーたちは無理に無理を重ねて、同じ方向に取引がどんどん積みあがっていく。そのときに市場で予期できない何かが起きると、皆が一斉に逃げ出そうとして相場は崩れてしまい、ポジションを解消することすらままならなくなる。その混乱の中で、市場の効率性もまた崩れる。だが、今度はそれが、生き残ったアービトラージ・ファンドにとって千載一遇の機会となる。

市場には、効率性へと向かう力と、それを押し返そうとする力がともに存在しているのだ。ＬＴＣＭの破綻劇は、市場のそうした力のぶつかり合いによる循環的な構造が生み出した宿命のドラマと言えるのかもしれない。

その後、ＬＴＣＭは潰すには大きすぎるということで、民間銀行による融資を柱とする救済策を受けつつ、時間をかけて清算されることになった。ＬＴＣＭが手放さなければならなかったポジションの多くは、一連の危機が過ぎ去るとＬＴＣＭの当初の目論見通りに理論価格に近づいていった。もちろん、ＬＴＣＭにとってすべては手遅れであったのだが。

つまり、彼らの投資戦略そのものが的外れだったわけではない。ただ、市場では極端に不合理な動きが続くこともありうるのだ。高名な経済学者ジョン・メイナード・ケインズ[8]は「市場は投資家が持ちこたえられるよりも長く不合理でいられる」と語ったと伝えられる。ＬＴＣＭのドリームチームは、その言葉の意味するところを捉えられなかったのである。

だが、ＬＴＣＭの蹉跌にもかかわらず、アービトラージ戦略そのものはヘッジファンドの主要戦略として受け継がれていった。そして再び、歴史は繰り返す。

２０００年代になるとアービトラージを中心とする投資戦略をアルゴリズム[9]によって行う〝クオンツ〟ファンドが全盛期を迎えた。世界中から資金が大量に流れ込み、過当競争が生まれ、多くのファンドが似たようなポジションを大量に組むようになる。２００７年、そこにサブプライムローン・バブルの崩壊によるショックが伝わった。市場は理不尽に荒れ狂い、割高なものが買われ、割安なものが

ジョン・メイナード・ケインズ
(John Maynard Keynes／1883〜1946)

売られる動きが一気に広まった。そして多くのヘッジファンドが破綻の瀬戸際に追い詰められる。まさにＬＴＣＭ危機の再現だった。このときの市場の混乱は「**クオンツ危機**」と呼ばれている。

要するに、常勝戦略と思われたアービトラージにも落とし穴はある。アービトラージは、勝率が極めて高いが利幅は薄い。そして、ごく稀にではあるが大きな損失を受ける可能性がある。これが本当に優れた戦略になるためには、何年かに一度起きる市場の大混乱を乗り切る必要がある。ファットテールやブラックスワンにいかに機動的に対応できるかが、カギを握る戦略なのだと言ってもよいだろう。

ちなみに、このクオンツ危機の渦中には、あのジョン・メリウェザーの姿もあった。ＬＴＣＭが破綻したのち、彼は再起してＪＷＭパートナーズというヘッジファンドを立ち上げていたのだ。だが、クオンツ危機により業績不振に陥り、２００９年には再び閉鎖に追い込まれた。だが、懲りないと言うべきか、不屈と言うべきか、２０１０年、すでに60歳を超えたかつての伝説的トレーダーはなんと三度目のヘッジファンドを立ち上げることになるのである。

勝率99・9%のHFT業者、バーチュの戦略

2015年、上場を目指していたHFT（High Frequency Trading：高頻度取引）業者のバーチュ・ファイナンシャルが驚くべき発表を行った。過去1238営業日のうち1237日で利益が出たというのだ。理論的にそんなことはありえないはずだった。

HFTとは、高速コンピュータと高速通信回線を駆使して、ミリ秒〜マイクロ秒単位で行う超高速取引のことである。しかし、いかに超高速だからといって、いったいどうやってこんなに凄い成績を残すことができるのだろうか。しかも、バーチュの発表では、ただ1日だけ損失を計上したときの要因は人為的な判断ミスによるものであり、したがって彼らのアルゴリズムは1237日無敗ということになる。

この成績があまりに信じられないほどのものであり、また当時ベストセラー作家のマイケル・ルイスが『フラッシュ・ボーイズ』（邦訳・文藝春秋）という小説で、HFT業者が顧客の注文を先回りして利益をかすめ取る様を描いて話題になっていたこともあって、バーチュもいかさまをしているのではないかと疑いをかけられて上場が一時延期になる騒ぎとなった。[10]

ただし、彼らが〝聖杯〟――つまり誰もが望み、誰も手にすることができなかった相場に勝ち続ける方法を、ついに見つけたというわけではなさそうだった。

ＨＦＴにもいろいろな手法があるが、最も典型的なものは、ビッドとオファーのスプレッドを取るというものである。たとえば市場でアップル株が１１４・３７５－１１４・５００という具合で取引されているとしよう。１１４・３７５（ドル）は、この値段でアップル株を買いたいというオーダーが入っていることを示し、ビッドと呼ばれる。アップル株を売りたい人にとっては、このビッドに自分の注文をぶつければこの値段で売れることになる。もう一方の１１４・５００（ドル）はその値段で売りオーダーが入っていることを示し、アスクとかオファーと呼ばれる。こちらは今買える値段だ。

売りたい人がビッドに、買いたい人がオファーに自分の注文をぶつけて取引が活発に行われているとしよう。もし、このビッドとオファーの両方を同じ業者が提示していたら、その業者は１１４・３７５で買い、１１４・５００で売っていることになる。差分の０・１７５ドルが業者の利益になる。

これは、予測できないといわれる相場の先行きを読んだ結果とは違う。バーチュの成績はそうだとしても凄いのだが、何かの秘宝を発見したわけではない。それは、売り注文と買い注文をつなぐ役割を果たすことによって、ビッドとオファーのスプレッド分を利益として得る業務をとことん効率的に行った結果なのである。以前、この役割はマーケットメーカーと呼ばれる業者が果たしていたものだ。それが今では、高速コンピュータを駆使するHFT業者にとって代わられたということである。
もちろん彼らにもリスクはある。取引がずっとビッドとオファーの間で行われていればよいのだが、そんな保証はない。114・375のビッドがヒットされて、つまりその値段でアップル株を買わされた直後に何らかかニュースが出たり、大口注文が入ったりしてアップル株が値下がりすると損失が生じるリスクがあるのだ。だから彼らのアルゴリズムは、他の投資家の注文状況や最新のニュースに目を光らせながら、ビッドとオファーの水準を素早く修正していく。それでも自分に不利なポジションが残ってしまったら、傷が深くならないうちに素早く反対売買して損失を限定する。そうした機敏な修正力や取引の執行スピードが、勝負を分けることになる。

ダグラス・シフ
(Douglas Cifu／1965〜)

ちなみに、バーチュのCEO、ダグラス・シフは2016年に来日し、日本経済新聞とのインタビューでとても興味深い話をしている。それは、バーチュが1日に500万回の取引をしており、そのうち51％で利益が出ているというものである。

これは、1回当たりの勝率がほんのわずかに50％を上回るだけでも、それを多数繰り返すことで勝ち越せる確率が次第に高くなっていくことを意味している。実はこの考え方こそ、近年金融市場でその存在感を急速に増しているコンピュータ・ドリブンのクオンツ系運用業者に共通する考え方なのである。続いて、その最高峰とも言える伝説のヘッジファンドについて見ていこう。

世界最高の投資家は、ついに〝聖杯〟を見つけたのか

世界最高の投資家として、一般にはウォーレン・バフェットの名が挙がることが多いだろう。だが、物理学者でサイエンスライターのジェームズ・ウェザーオールはその著作『ウォール街の物理学者』（邦訳・早川書房）の冒頭で次のように記している。

> 世界一のファンドマネジャーは、ウォーレン・バフェットではない。ジョージ・ソロスでもなければ、ビル・グロス[11]でもない。世界一のファンドマネジャーは、た

ぶん誰も聞いたことがないような人物だ。

ジェームズ・シモンズは、実際には「誰も聞いたことがない」人物ではないだろうが、徹底した秘密主義者であり、一般にはそれほど名が知られていない。だが、ウェザーオールの評価は誇張でもなんでもなく、その通りとしか言いようがないものなのである。

シモンズは金融業界の出身ではなく元は数学者である。それも一線級であり、陳省身（シン・シェン・チャーン）との共同研究で発表したチャーン・シモンズ理論は、のちに理論物理学者エドワード・ウィッテンにより最先端の素粒子理論である「超ひも理論」に取り入れられ、その発展に寄与したことで知られている。1976年には、数学界最高の栄誉の一つとされるオズワルド・ウェブレン賞も受賞した。また一時期には、米国防総省の国防分析研究所（IDA）で暗号解読の仕事に従事していたこともある。

ジェームズ・シモンズ
(James Harris Simons／1938〜)

そのシモンズが、ヘッジファンドの運用会社ルネサンス・テクノロジーズを設立したのが1982年、43歳のときだった。ルネサンスは異色の運用会社で、金融業界の出身者を雇わないことで有名だ。数学者、暗号解読技術者、天文物理学者、人工知能の一分野である音声認識技術の研究者など、さまざまな一線級の科学者たちによって運営される投資運用会社なのである。

その運用スタイルは、数理モデルに基づいたもので、いわゆる〝クオンツ（数理）〟ファンドの最高峰とされる。コンピュータの活用でも最前線に位置しており、取引のほぼすべてはアルゴリズムによって行われている。

このルネサンスの旗艦ファンドとされるのが、1988年に運用を開始したメダリオンだ。メダリオンは、ファンドの規模が大きくなりすぎないようにするために、途中から外部の投資家の出資を制限するようになり、今ではルネサンスの社員しか出資することができない。[12] しかも、社員も含めてファンドへの出資者には、懲罰的ともいわれるとてつもなく高い手数料が課される。それは〝5&44〟と呼ばれるものだ。運用管理手数料が年に運用資産残高の5%かかり、加えて成功報酬として利益の44%がとられる。一般のヘッジファンドも手数料の高さを批判されることが多いが、それでも〝2&20〟あたりなので、その倍以上である。

驚くのはまだ早い。その超高率手数料を控除したあとでもリターンが物凄いのだ。それを図14に示してある。過去28年間の年平均リターンは40%にも達している。5&44の

図14　メダリオンの脅威のパフォーマンス

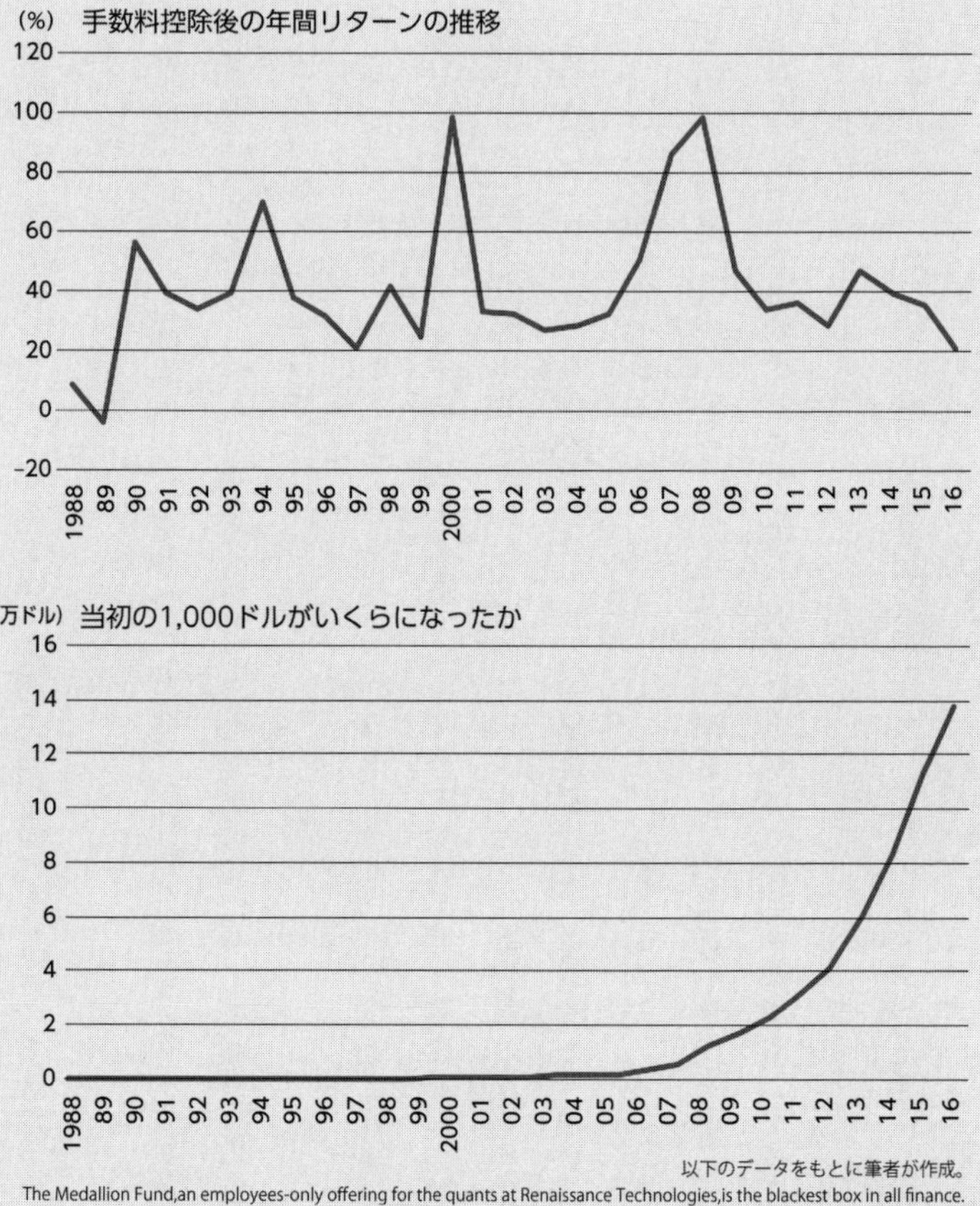

以下のデータをもとに筆者が作成。
The Medallion Fund,an employees-only offering for the quants at Renaissance Technologies,is the blackest box in all finance.
Katherine Burton
Bloomberg Markets

手数料を前提にすれば、手数料控除前のリターンはなんと年80%を超える計算だ。しかも、ITバブルが崩壊した2000年、リーマン・ショックのあった2008年に、とりわけ凄いリターンをたたき出している。マーケットのクラッシュにも動じないどころか、それを稼ぎ場に変えてしまうのだ。もし運用開始時に資金を投じていたら、28年間で1万3830倍にもなる。10万円が14億円近くになっているということだ。[13]

どんなに凄い投資家でも、その単独の成績だけをもってランダムウォーク理論を否定する根拠とするのは難しいと前に述べた。60年以上にわたって年平均20%以上の成績を残してきたウォーレン・バフェットにしてもそうだ。だが、シモンズとルネサンスの成績は、期間はバフェットに及ばないとしても、ありえなさの程度で言えばバフェットをはるかにしのぐ。どんなに素晴らしい投資成績でも単に運が良かっただけだと受け流す効率的市場仮説の熱心な信奉者でも、この数字を見せられたら一瞬で顔色を失うだろう。

ポール・サミュエルソン
(Paul Anthony Samuelson／1915〜2009)

ここに経済学界の巨人、ポール・サミュエルソンに登場してもらおう。サミュエルソンは現代経済学の生みの親の一人であり、19

70年に第2回ノーベル経済学賞を受賞している重鎮だ。彼の経済学のテキストは、長く世界標準とされてきた。効率的市場仮説の成立にも重要な役割を果たし、あるコラムで、アクティブファンドのマネジャーたちはすぐに仕事を変えて配管工にでもなったほうがよい、と辛辣なコメントを書いたことさえある。

一方で、これは理論と現実の複雑な関係を示す興味深い事例とも言えようが、サミュエルソンは初期の有力ヘッジファンドであったコモディティーズ・コーポレーションの創業出資者の一人となって取締役まで務めたことがある。MITの同僚で、やはり効率的市場仮説の提唱者の一人でもあったポール・クートナー[14]がこの運用会社にファンドマネジャーとして加わっていたことがきっかけであったと思われるが、クートナーが同社を辞めたあともサミュエルソンとコモディティーズとの関係は続いている。理論は理論、現実は現実、というところなのだろうか。

このコモディティーズ・コーポレーションは、現在の多くのヘッジファンドの運用スタイルに多大な影響を与えた伝説的ファンドである。トレンドフォロー戦略をベースに世界中のさまざまな市場での取引を組み合わせる「グローバル・マクロ」という手法の源流であり、コンピュータによるアルゴリズム・トレードを全面的に取り入れた先駆的存在でもある。また、高金利通貨を買い低金利通貨を売る〝通貨キャリートレード〟は今ではヘッジファンドで定番の運用手法だが、それを開発したのも彼らだ。その運用成績も素晴らしいものだった。ファンドマネジャーの期待リターンに差はないとする効率的市場仮説を主唱していたはずのサミュエルソンは、実際には優れた成績を生み出すヘッジファンドを目利きしていたわけだ。

そのサミュエルソンが、秘密のベールに包まれる謎の高収益ファンド運用会社のルネサンス本社に招かれたことがある。そこで、彼はいたずらっぽくこう述べた。

「もし誰かがマーケットに勝てるとしたら、その連中はどこかに隠れてしまい、誰にもその秘密を教えないだろう」

「どうやら、その連中はここにいたようだ[15]」

長い投資の歴史で、無数の投資家が市場で確実に儲ける手法を探し求めてきた。だが、それを発見した者は誰もいない。そして理論家たちは、そんなものは存在しない、と幻を追い求める投資家たちを嘲ってきた。まさに投資における〝聖杯〟伝説である。ところが、シモンズとルネサンスはついにその〝聖杯〟を発見したのではないかと囁かれているのである。たしかにそうとしか考えられない。〝聖杯〟は存在しないとする現代ファイナンス理論はついに破られたのだろうか。

謎の高収益ファンド、ルネサンスの秘密

シモンズ率いるルネサンスは徹底した秘密主義で知られている。社員に厳しい秘密保持を求め、秘密情報を携えた社員が辞めたときには提訴して徹底的に争い、その秘密情報の漏洩を阻止したこともある。シモンズ自身も表に出ることが少なく、数少ないインタビューなどでも運用手法の詳細は述べていない。したがって詳細については不明なことが多いが、ある程度分かっていることもある。

ヒントの一つは、シモンズや他のメンバーのバックボーンだ。たとえば、シモンズ自身もそうだが、ルネサンスには暗号解読の専門家が多い。暗号解読は一見無意味に思える雑多な情報から、何らかの規則性やパターンを見出す技術を背景としている。また、少なからぬメンバーが専門とする音声認識技術や天文物理学でも、膨大なノイズの中から意味のあるわずかなサインをかぎ分けることが求められる。こうした考え方や技術が、ルネサンスのアルゴリズムにも応用されていると見られる。

そもそもランダムな変動というのは意味をもたない運動である。いくら分析しても、そこから将来につながる何かを導き出すことはできない。だが、実際の相場変動の中に

は、一見ランダムに見えながらも、わずかに将来の値動きにつながる情報があるらしい。それを見つけ出すアルゴリズムをルネサンスは作っているのだ。

また、ルネサンスは、さまざまなスタイルの運用手法を組み合わせて使うマルチストラテジーとされるが、そのうち主要な手法として**スタット・アーブ**と呼ばれるものが取り入れられている。

スタットは統計的という意味のスタティスティカル、アーブはアービトラージの略で、スタット・アーブで統計的裁定取引という意味になる。これはルネサンスの専売特許ではなく、多くのクオンツ系ヘッジファンドで行われている手法だ。

簡単な例を挙げると、まず似たような値動きをする相関関係の強い複数の銘柄、たとえばトヨタ株とホンダ株でペアを作る。次に、過去の統計的関係から、現在どちらが割高でどちらが割安かを割り出して、割高なほうを空売りし、割安なほうを買う。そうすれば、その割高さ、割安さが解消するときに利益が出る。これはペアトレードと呼ばれていて、最も単純なスタット・アーブの例だ。ヘッジファンドなどでは、アルゴリズムにより高度な統計分析技法を駆使したもっと複雑な組み合わせトレードが行われている。ルネサンスでも、独自の分析によりさまざまな組み合わせのスタット・アーブが行われているのだろう。

さて、ルネサンスのトレード手法を推測するのはこのくらいにしておいて、ルネサンスの素晴らしい成績はファイナンス理論にどのような意味をもつものなのかを少し考えてみよう。

ルネサンスの成績が単に偶然によってもたらされたものとは到底考えられない。だとすると、すべての利用可能な情報は市場価格に織り込まれているという効率的市場仮説が厳密には成り立っておらず、相場には多少の予測可能性があるということになるだろう。もちろん、これはもうすでに十分に想像がつくところだ。

ここで注目すべきは、ルネサンスのトレード期間である。ルネサンスの一つひとつのトレードの期間は、かなり短いと見られているのだ。つまり、ごく短期の値動きなら、多少の予測可能性が生まれるということになる。

バフェットの投資手法の背景にある考えは、短期的にはいろいろと予測不能なことが起きうるが、長期的には超優良株の株価は上がるはず、というものだった。つまり、市場は長期的には必ずしも効率的ではなく、そこに予測可能性が生まれる。だが、ルネサンスは逆に、大量のデータを分析することで短期的な予測可能性が生まれることを示したのだ。

トレード期間が短いということには、もう一つの重大な意味がある。ルネサンスといえども、勝ち続けるわけではない。その勝率がどのくらいかは分からないが、恐らくとてつもなく高いということはないだろう。だが、アルゴリズムによる短期トレードなら、数多くのトレードを実行できる。50％以上の勝率のものを多数試していけば、勝ち越せる確率はどんどん高まっていく。バーチュのシフCEOが語ったことと同じだ。

ここにルネサンスの神髄があるのではないかと思う。少しでも勝てる可能性の高いトレード機会をできるだけ多く見つける。そして、それをできるだけ多く試す。そうすれば、大数の法則によって素晴らしい成績を残せるはずだ。

恐らくシモンズとルネサンスが見出したものは、多くの投資家が漠然とイメージする〝聖杯〟とはかなり異なるものなのではないか。結局のところ、「断定的に将来を予測する」ことも、「確実に勝つ」こともできない。すべては確率の問題なのだ。だが、フィフティ・フィフティであることと、51％対49％では意味がまるで異なる。ルネサンスの勝率はもっと高いのではないかと思われるが、それがもし55％対45％なら、勝負の回数を増やすことで決定的な差が生まれうる。

ただしそれは、ざっくりと言えば、依然として〝当たるも八卦、当たらぬも八卦〟の世界のままなのだ。多くの人にとって、少なくとも何万回、何百万回も試すことができない普通の投資家にとっては、50％を少し超える勝率はランダムな世界とほとんど差がない。だが、ルネサンスにとっては、そのわずかな確率の違いと大数の法則こそが、金の卵を産む鳥となる。

ルネサンスに関しては、他にもとても重要だと考えられるものがある。

ＬＴＣＭのように、勝てる方法を見つけたとしても、それがいつまでも続かないのが市場の常だ。市場には効率化に向かう力があり、それが既存の投資手法の収益性を減衰させる。なぜ、その力はルネサンスには及ばないのだろう。

一つには、先ほども触れた秘密主義である。ＬＴＣＭは比較的オープンで、他のファンドにも簡単に手法を真似されてしまった。ルネサンスはそれを徹底的に防いでいる。

また、資産規模も大きな意味をもつ。ＬＴＣＭは大きくなりすぎてみずからの首を絞めた。それに対して、ルネサンスのメダリオンは、パフォーマンスを維持するために資産規模が増えないように厳しく制限されている。プラスの期待リターンをもたらす収益機会は無尽蔵には存在しない。ファンドの規模が大きくなれば、ルネサンスといえどもその高リターンを維持できなくなる可能性は高い。

付け加えると、ルネサンスには常に新しい血が入り続けていることも見逃せない。それも、物理学や人工知能の一線級の研究者が常に加わり続けているのだ。彼らが加わるごとに、ルネサンスのアルゴリズムは改善を加えられ、新しい何かも付け加えられる。

同じことをしていたのでは、すぐにその有効性は失われる。それが市場の掟だ。それから逃れるためには、常に最先端を走り続けるしかない。

こうして見ると、ルネサンスが見つけた〝聖杯〟は、市場の未来を映し出す水晶玉のようなものでは決してない。小さな当たり前のことを無数に積み上げた建造物のようなものと言ってよい。もちろんそう言ったからといって、彼らの偉業の価値が減じるわけではない。ただ、シモンズは優れたファンドマネジャーというより、市場に勝ち続ける驚異の仕組みを作り上げた稀有の経営者と言うべきなのかもしれない。

台頭する新世代の人工知能ファンド

ルネサンスの成功は、コンピュータを抜きには語れない。市場におけるコンピュータの役割は今後どこまで拡大していくのだろうか。そしてそれは、ファイナンス理論やここまで述べてきた市場の理解にも大きな影響を与えるのだろうか。

投資の世界におけるコンピュータの地位はすでに確立したものと言える。アルゴリズムをベースとするルネサンスは、今まで人間投資家が誰も達しえなかった高みにまで昇った。バーチュのようなＨＦＴ業者は、今では実に多くの取引に介在している。すでに市場はコンピュータが席巻する世界となっているのである。

そもそも、投資の世界とコンピュータはとても相性がよい。

優れた投資家は、さまざまな情報を集めてきて相場の先行きを読む。たとえば、原油価格が上がったらどういう銘柄が上昇しやすいのかといった関係式がたくさん頭に入っていて、ありとあらゆる情報とそうした関係式を組み合わせて、今どのような戦略が最も有効かを判断する。思い込みに左右されないように、できるだけ客観的なデータに裏打ちされた分析に基づくことが望ましい。でもこうした情報収集や関係性の抽出、データに基づく客観的な分析などはコンピュータが最も得意とする分野ではないだろうか。

優れた投資家はまた、例外なく過去のことをよく知っている。あのときの市場環境はどうで、相場はどのように変動していったかというような記憶を多くもっていて、今の状況にマッチした相場変動パターンを即座に思い浮かべることができるのだ。でもこれも、コンピュータならたやすく、しかも正確にこなすことができる。

人間の投資家は、ときにミスをしたり、パニックに陥って不合理な行動を取ったりして、それが致命傷となることが多い。だがコンピュータなら、そうしたリスクも小さい。

こうしたことから、投資の世界では、早くからコンピュータの活用が進んできたのである。また、オプションなど複雑なデリバティブ取引を行ったり、ＶａＲを計測してリスク管理をしたりするにも、手計算ではどうにもならない。

コンピュータによる自動売買であるアルゴリズム・トレードに限っても、1980年代にはすでに広範囲に使われており、1987年に起きたブラックマンデーでは暴落の一因にもなったといわれている。この時代のアルゴリズムは、取引の執行だけを担う比較的単純なものが多かったが、その後ルネサンスを代表とするクオンツ・ファンドではかなり高度に進化した全自動型ないしはそれに近いものが使われている。

近年では、人工知能[16]の活用も進んでいる。人工知能といえば、2017年5月に、グーグルの子会社であるディープマインド社の「アルファ碁」が、世界トップの柯潔九段に三戦全勝したことが記憶に新しい。碁こそは、人間の総合的な判断力や〝勘〟がコンピュータを上回る数少ないゲームと思われていたのだ。驚くべきは、アルファ碁の能力向上のスピードである。アマチュアレベルから世界のトッププロに完勝するまで2年とかかっていない。

こうした新世代の人工知能がヘッジファンドの運用に本格的に取り入れられ始めたのは2000年代の後半からとされる。

一例として、新興の小さなヘッジファンドであるリベリオンにおける事例を見てみよう。リベリオンは人工知能を本格的に導入した新世代のヘッジファンドである。200

9年初頭、そのリベリオンが誇る人工知能搭載のアルゴリズムである「スター」がおかしな挙動を取り始めた。リーマン・ショックの余波で米国の金融株が底なしの下落を続ける中で、その金融株を狂ったように買い始めたのだ。

リベリオンの共同創業者であったアレックス・フライスは、スターのアルゴリズムが狂い始めたのだと思った。次の日も金融株は下がり、スターはそれを買う。さらに次の日も同じだった。同じく共同創業者でスターの開発者であるスペンサー・グリーンバーグに、スターを信じようと言われてそれを見守るしかなかったのだが、フライスには、スターの暴走によって彼らのリベリオンがその短い歴史を終えつつあるように思えた。

ところがこの直後に、米国金融株は突如として反騰に転じることになるのである。これは、あの史上最高額を稼いだアパルーサのデビッド・テッパーとほぼ同じ投資内容だったのだ。資産規模に大きな差があったとはいえ、「スター」はヘッジファンド業界のトップスターに躍り出たテッパー並みの働きを示したと言える。

アレックス・フライス
(Alexander Fleiss／1983〜)

それからすでに8年が経つ。人工知能の世界は文字通りの日進月歩である。いったい、どこまで進化しているのだろうか。

もっとも現時点では、人工知能が熟練のファンドマネジャーの総合的な判断力を上回ることができるのか、まだ確証は得られていない。あくまでも人間が方向性を与えた範囲内で優れた分析能力を発揮しているだけである。ユーリカヘッジという調査会社が公表しているヘッジファンド指数によれば、何らかの形で自己学習型の新世代人工知能が投資判断に関わっているファンドの成績を示す「ＡＩヘッジファンド指数」は、２０１１～16年の間にヘッジファンド全体の指数に比べて年平均で２％弱ほど上回っている。これは投資における人工知能の有用性を示していると考えられるが、その差は圧倒的と言うほどではない。

ただし、ほんの数年前には、人工知能が碁の世界で人間のチャンピオンに勝てるとは考えられていなかったことを思い起こす必要はあるだろう。最先端の人材と豊富な研究資金がつぎ込まれれば、驚くような可能性が開けてくるかもしれない。

事実、人工知能研究者の金融、運用業界への引き抜きは急速に拡大している。ヘッジフ

レイ・ダリオ
(Ray Dalio／1949～)

アンド業界最大手、レイ・ダリオ率いるブリッジウォーターは、IBMの人工知能「ワトソン」の開発責任者だったデビッド・フェルッチを恐らく相当の高年収で引き抜いている。それ以外にも、一線級の人工知能研究者が引き抜かれたり、あるいは自分たちでヘッジファンドを立ち上げる動きが加速している。

シモンズが数学者から転じて世界有数の富豪となり、世界一の投資家とも称されるようになったように、この業界で成功すれば、それ以外では決して手に入れることができないほどの富と名声を得られる。ヘッジファンド業界は、一線級の研究者に、人工知能の限界を試すチャレンジの場とともに、とてつもない経済的、社会的報酬を提供できる業界なのだ。

市場のコンピュータ化は市場をどこまで変えるのか

市場のコンピュータ化が進む中で、その影響によると思われる出来事も多く見られるようになっている。

２０１０年5月6日、わずか数分で米国の株価指数が9％も下がるという出来事が起きた。しかも、理由らしき理由も見当たらなかったのだ。これも正規分布の世界ではありえないファットテールの一例であるが、特殊なのはそのスピードである。それは、人間の投資家がとてもついていけないような価格の下がり方だった。しかも、さらにその数分後には、また信じられないスピードで相場が急回復していったのである。これが「フラッシュ・クラッシュ（瞬間的な暴落）」と呼ばれる前代未聞の出来事だった。

このフラッシュ・クラッシュは、アルゴリズムが引き起こしたと言われている。あるアルゴリズムが大量の売り注文を出す。そうすると株価は下がる。その株価下落に別のアルゴリズムが反応する。直前の取引高を見ながら注文の数を調整するアルゴリズムもあり、他のアルゴリズムの相互反応によって取引高が急増したのを受けて売り注文を急速に増やしたらしい。それが価格下落を加速させる。そうした循環が「売りが売りを呼ぶ」展開を生み出した。まさに「蝶の羽ばたきがハリケーンを起こした」のである。

市場のコンピュータ化によって、こうした突発的な株価の急落が頻繁に起きるようになるのではないか。フラッシュ・クラッシュによってそういう懸念が広まった。それは部分的には正しいように思う。実際に、アルゴリズムが原因と見られるミニ・フラッシュ・クラッシュはその後も頻繁に起きているのだ。

だが一方で、フラッシュ・クラッシュほどの大幅な価格下落は、その後見られていない。それどころか、時とともに世界中で株価の変動幅が全体的に小さくなる傾向が見られている。[17]市場のコンピュータ化には、相場変動を拡大する影響と、それを抑制する影響があるとも考えられる。もしかすると、時とともに賢くなっていく人工知能による自己修正機能が多少は関わっているのかもしれない。

では、人工知能が大きな役割を果たす新しい世界では、市場のあり方やファイナンス理論そのものまで大きく変わってしまうのだろうか。

真っ先に考えられる点は、人工知能の性能向上とその活用の拡大には、市場の効率化を促す効果があると考えられることである。優れた人工知能は、過去の相場変動のパターンから多少なりとも予想できる動きや、世界中のすべての市場の動きから乖離する動きを見逃さない。それは、市場の効率性を促進する。だが、そうしたことにも限界がある。

まず、一口に人工知能といっても、能力や個性に大きな差がある。経験や学習の差が人間の思考力や思考パターンを大きく変えるように、人工知能も何を学ばせるかによって違うものになる。コンピュータだからといって、全部が同じ答えを出して整然とふるまうわけではない。

それに、本当に優れた投資用人工知能を開発するには、今はまだ大幅に不足しているといわれる一線級の研究者を集めて、巨額の投資をしなければならない。それができるのは、ごく一握りの運用会社だけだろう。最先端の人工知能を自前で開発できない運用会社は、それほど高度ではない人工知能を補助的に使うか、今まで通りの人間による運用を続けることになる。

次に、投資用人工知能は、過去の相場変動からしか学ぶことができない。アルファ碁の場合は、過去の人間同士の対戦データで学んだあと、人工知能同士で〝自己対戦〟を重ねることで急速に力をつけた。対戦データが多ければ多いほど、人工知能は能力を向上させる。一定レベル以上のコンピュータ同士で戦えば、あっという間に有益な対戦データを大量に作り出せるのだ。

だが相場の世界では、コンピュータ上のシミュレーションで腕を磨いても意味がなく、現実の相場を相手にしなければならないので、〝自己対戦〟で学習材料をいくらでも増やすことができない。このような制約がある以上、人工知能も結局、過去に例がない動きには万能とはなりえないだろう。

さらに、現実の相場には最先端の人工知能をもってしても予測ができない動きが満ちている。たとえばルネサンスは、暗号解読技術や音声認識技術を使うことで、いままでランダムに見えていた動きの中からランダムではない動きを見つけ出すことができた。

それでも、依然として相場変動の大半は予測のつかないランダムな変動のままである。みずから学ぶ人工知能でも、この壁は超えられていない。それは、ＡＩを活用したヘッジファンドの成績が、必ずしも現時点で突出したものとはなっていないことからも窺える。

もう一つ付け加えれば、市場から人間の投資家がいなくなることは考えられないということがある。中堅以下の運用会社は人間中心の運用を続けざるをえないし、それでうまくいくところも当然あるはずだ。個人の投資家がいなくなることもない。そのように人間と人工知能が混在する市場では、人工知能もある程度は人に合わせなければうまく市場の動きについていくことができない。

最も大きな問題は、市場が完全に効率化してしまうとＡＩといえども偶然以外に儲けることができなくなり、巨額の研究開発投資だけが重荷になってしまうことだ。この制約があるために、市場は完全に効率的になることができない。

また、現在の投資用人工知能は、なにか絶対的に正しい価格を算出するというよりも、統計的なデータ分析と確率論に基づいて、相場変動のパターンに反応したり、異なる銘柄間、あるいは異なる市場間における裁定を狙ったりする方向に進んでいる。もちろんそれは、ただ一人で正しい価格を算出したところで利益は約束されず、他の投資家の判断のあり方を考慮しなければ収益を得ることができないからだ。そうした方向性が突き詰められると、市場の価格は、その時点その時点では上がるも下がるも五分五分と言える価格にはなるかもしれないが、それが「正しい価格」となる保証はどこにもない。後から見れば明らかに間違った価格で市場が一時的に均衡し、少なくとも短期的にはどちらに転ぶか分からない状態も生まれうるからだ。そして、それは今までの市場と基本的に同じ構図である。

人工知能時代の市場は、個々の情報に反応するスピードや、投資運用業界での勢力図に大きな変化が生まれ、業界に勤めるファンドマネジャーやアナリストには厳しい寒風が吹くことになるだろう。だが、市場の基本的性質には大きな変化が見られないのではないかと思うのである。

理論と現実のはざまで

現代ファイナンス理論をめぐっては、実に滑稽な論争が一部に見られる。理論はあくまでも現実を理解するために単純化したものであるはずなのに、その理論が100%正しいのか、それとも完全に間違っているのか、どちらかに決めつけたがっているように見えるのだ。でもそういう意味での論争は不毛だ。

現代ファイナンス理論には、仮説ながらも極めて重要な役割を担わされてきた効率的市場仮説という理論的支柱がある。効率的とは、利用可能な情報が即座に市場価格に織り込まれるという意味だった。もしすべての情報が一瞬で多くの投資家に行き渡り、投資家はその意味するところを瞬時に判断して、瞬時に適切な取引を行えば、市場は効率的となる。その結果、市場における価格は「正しい価格」となり、その後の価格変動は誰の予測も許さないランダムなものとなる。

これが、現実には存在しうるさまざまな制約をすべて取り払った単純化された仮説であることは明らかだろう。でも、まったくの的外れというわけでもない。すべてではないにしても多くの情報はかなりのスピードで世界中に伝わり、主要国の主要マーケットであれば取引に伴うコストや時間も相当節減できる。人間が合理的に判断することは必ずしも保証されないが、少なくとも落ち着いた市場環境では〝群衆の知恵〟が発揮される場面も生まれる。

その結果、市場の価格変動の多くは予測不能なふるまいをする。その予測不能性がどの程度ランダムウォークに由来し、どの程度がカオス的予測不能性なのかという議論はあっても、いずれにしても予測できないという性質は市場の核心に位置する。

もちろん本当にすべてが予測できないものでないことは、バフェットをはじめとするグレアム＝ドッド村の住人や、シモンズ率いるルネサンスの成績を見れば明らかだろう。だが、それをもって「市場は予測できる」と主張することにも無理がある。バフェットやシモンズは、自分たちに予測できる部分に焦点を当てて、その範囲内で予測をしているのであって、それ以外の相場変動の大半は依然として予測不能であることに変わりはない。

ルネサンスはたしかに、他の人にはランダムな動きとしか見えないものの中から、意味のある動きを探し出してきた。それは「見せかけのランダムさ」だったのだ。多くの人にはランダムな動きとしか見えないが、見る人が見ればランダムではない。だが市場には、予測できない部分がまだ大いに取り残されている。これも、いずれは誰かがそのメカニズムに気がつき、本当はランダムではないことが分かる「見せかけのランダムさ」なのかもしれないが、市場の大半が誰にも絶対に予測できない「真のランダムさ」によるものであるという考えを否定するような証拠も今のところ見当たらない。

市場は、大勢の買い手と売り手が釣り合うところで価格を形成する。不安定になって落ち着き場所を失うときもあるが、基本的には上がるも下がるもフィフティ・フィフティの状態に落ち着こうとする。だから、市場の価格変動は極めてランダムに近い動きになる。たとえば、バブルのようなときでさえ、少なくともその時点その時点では多くの投資家にとって〝フィフティ・フィフティの価格〟になっているとも考えられる。

ただし、だからといって、それが「正しい価格」であることは保証されない。投資家たちの確率予想は、バブルの熱気によって大きく歪められたものになっていると考えられるからだ。皆が同じ方向に間違えていれば、たとえその時点で買い手と売り手が均衡する価格であったとしても、それは大勢の間違いのうえに成り立っている蜃気楼にすぎない。

その間違った幻想を皆が共有している間は、その幻想に基づいて市場はあたかも効率的であるかのようにふるまう。しかし、幻想がはげ落ちたときには、市場は拠りどころを失って急激に変動する。そして、またしばらくの間、落ち着くことができる新たな蜃気楼を作り上げる。効率的市場仮説は、市場が正しければランダムウォークになると主張するが、市場が正しくなくてもランダムウォークに限りなく近い動きをすることは十分にありうるのである。

一方で、市場の正しさは保証されないとはいえ、だからといって、ソロスの言うように「市場はいつも正しくない」とも言い切れない。市場は、何らかの熱気に煽られたり、パニックに陥ったりしていないときには、比較的正しい結果を導きやすいのではないかと思う。

たとえば、予測市場というものがある。大統領選挙で誰が勝つかとか、国民投票の結果がどうなるかなど、何らかのイベントの結果予想を取引するものである。「クリントン候補が大統領に当選したら1ドルもらえる」取引の価格が60セントなら、市場はクリントン当選の確率を60％と見込んでいることになる。２０１６年のブレグジット（英国のＥＵ離脱）やトランプ・ショックでは、この予測市場における予想確率もまったく見当違いなものとなってしまったが、一般にその予測精度は非常に高いとされている。人の心理的バイアスが強くかからない状況であれば、市場は正しい答えに近づく力をもっているのだ。

現代ファイナンス理論をめぐる議論では、ランダムウォーク理論から導かれる正規分布の仮定も批判を浴びやすいところだ。これについてはすでに触れたことではあるが、現代ファイナンス理論は正規分布しか扱えないわけではない。「正規分布しか想定していなかった」というのは誇張された批判であり、少々ピントがずれているように思う。

さらにいえば、異常事態が起きていない平常時においては、正規分布の仮定はとくに大きな問題を起こさない。正規分布からの逸脱が問題になるのは、恐らくゼロコンマ何パーセントかの異常事態のときだけなのである。もちろん、そのゼロコンマ何パーセントを扱わなくてはならないリスク管理の担当者や経営者は、正規分布の仮定に安住することが許されない。しかし、だからといって正規分布がまったくの無意味であるということにもならない。

理論を絶対視することはナンセンスである。一方で、それを無視することも得策ではない。理論からは多くのことを学ぶことができる。もちろん、理論と現実にはずれがある。しかし、そのずれこそが宝の山なのだ。宝の山がどこにあるかを知るためにも、理論について知る必要があるだろう。

【脚注】

1…ウォール・ストリート・ジャーナル紙のライターであるグレゴリー・ザッカーマンの著作『史上最大のボロ儲け——ジョン・ポールソンはいかにしてウォール街を出し抜いたか』（邦訳・CCCメディアハウス）。

2…サブプライムローン・バブルの崩壊に賭けたCDS取引の発案者はマイケル・バーリという別のヘッジファンドマネジャーとされている。彼を主人公にした小説がマイケル・ルイス著『世紀の空売り——世界経済の破綻に賭けた男たち』（邦訳・文藝春秋）だ。バーリに数か月出遅れたポールソンがなぜ巨大な成功を手にしたのか、先駆けたバーリが（一定の成功は収めたものの）先駆者であるがゆえにいかなる苦痛を味わったのか、興味のある方は参照してほしい。投資の成功には、先見性やアイデアだけでなく、当事者には如何ともしがたい要因が幾重にも関わっているのである。ちなみにこの本は、映画『マネーショート　華麗なる大逆転』の原作ともなっている。

3…現実には落ちている1万円札を拾っても自分のものにはできないが、これはあくまでもたとえ話なので、ここでは法律上および道徳上の問題には目をつぶるものとする。

4…現在では、簡単な1万円札探し競争は超高速コンピュータでミリ秒ないしはマイクロ秒単位で行われ、人が瞬く間もなく終わってしまう。

5…今はシティグループに吸収され名前は残っていないが、1980年代には最も先進的で最も活発なトレーディングハウスとして名を馳せていた。日本の著名トレーダーである明神茂氏、現マネックスグループ社長CEO松本大氏もジョン・メリウェザー配下のソロモン・ブラザーズのトレーディングチームの出身である。

6…リラティブバリューは、少し定義を緩やかにしたアービトラージ戦略を指す言葉で、とくに債券を中心とした取引に使われることが多い。

7…LTCMのレバレッジは最大25倍ほどだったという。ファンドの自己資金（投資家の出資額）がおよそ5000億円なのに対して、10兆円以上の取引をしていた。それに加えて100兆円近いデリバティブ取引もあった。破綻の直接的要因は、あまりに高すぎたこのレバレッジにあった。

8…本書では取り上げていないが、ケインズは投資家としても知られ、何度か成功と失敗を繰り返した。最終的には、グレアム＝ドッド流の割安株長期投資によってかなりの成功を収めたといわれている。

9…ここでいうアルゴリズムはコンピュータ・プログラムを指しているが、とくにコンピュータが取引を自動的に執行するものをアルゴリズム・トレード（略して〝アルゴ〟とも）という。アルゴリズム・トレードには、あらかじめインプットされた売買注文を、市況に合わせてタイミングを見測りながら取引する比較的単純なものから、投資戦略の立案から取引執行までを全自動で行うものまで、さまざまなレベルのものがある。

10…ただし、疑念は晴れて翌年に無事上場を果たしている。

11…ビル・グロスは大手運用会社パシフィック・インベスト・マネジメント、略称PIMCO（ピムコ）の共同創業者にしてファンドマネジャーを長年務めた人物。〝債券王〟と称される。

12…ルネサンスは、外部の投資家の資金を受け入れる他のファンドも運用している。ただし、メダリオンほどの成績を誇るファンドは他にはない。

13…シモンズは2010年に71歳で第一線からの引退を表明している。ただし、その後もルネサンスに所属しており、何らかの形で運用にも携わっていると考えられる。

14…クートナーが1964年にまとめた論文集は、現代ファイナンス理論の確立を示すマイルストーンとされる。そこには、バシュリエの論文も掲載されている。

15…スコット・パターソン『ザ・クオンツ——世界経済を破壊した天才たち』（邦訳・角川書店）より。

16…本書でも指摘しているように、人工知能にもいろいろなものがある。ここで人工知能という場合には、機械学習によってみずから学び、人間が教えていないことまでできるようになるものを指す。

17…相場の変動率低下に市場のコンピュータ化がどのように関わっているかは今のところ定かではない。変動率低下の大きな原因は超低金利環境の長期化や世界的な金余りだと考えられており、単にそうした環境要因によって一時的に変動率が低下しているだけである可能性もある。

おわりに

「数学の不条理な有効性」という言葉がある。物理学者のユージン・ウィグナーによるものだ。ある物理現象を説明するのに、それとは何の関係もないように見える数式や法則がなぜ有効に当てはまるのか。それを用いる理由が分からないまま、なぜか不思議とうまく説明できてしまう。物理学の発展の歴史では、そうしたことが幾度となく繰り返されてきた。

ファイナンス理論にも、ある程度は同じことが当てはまる。金融市場の価格は、意志をもち、さまざまな思惑を抱えた投資家たちの駆け引きの中で決まる。それがなぜ、意志をもたない花粉微粒子の奇妙な動きと同じ数学的性質をもつのか。もっとも、その性質を基礎に構築されたランダムウォーク理論には、今では多くの限界があることが分かっている。だが、ここで再び同じ驚きが生まれる。ランダムウォーク理論から逸脱する現実の市場の動きはなぜ、自然現象であるはずの気象データから〝発見〟されたバタフライ効果でうまく説明できるように見えるのか。

ファイナンス理論が完成に程遠い理論体系であり、現時点でもさまざまな課題に直面していることは本書で見てきたとおりである。「正統的」ファイナンス理論という枠組みの中では、複雑系研究や心理学から得られる知見が必ずしもスムーズに取り入れられてはいないのも事実だ。だが、「正統的」であるかどうかという枠を取り払ってみれば、市場の性質を理解するうえで、これまで実に驚くべき多くの成果が達成されてきたと見ることもできるだろう。今、我々は、19世紀以前の人々に比べて、市場の動きをはるかによく理解できているはずだ。

だがそれでも、依然として金融市場の将来の展開は正確に見通せない。相変わらず将来の危機も予言することができない。ただ、それをもってファイナンス理論を役に立たないと切り捨てるのは、その真のメッセージを捉えそこなっている証だとも言える。

ファイナンス理論の本質は、断定的に予想できない将来の出来事をいかに確率問題として捉えられるかということである。しかし、その確率の見積もりにも万全はない。だから、予想外の出来事は必ず起きる。それを踏まえて我々が真に考えるべきは、「決して予見できない出来事にいかに対処するか」であるべきだろう。

毀誉褒貶にまみれるファイナンス理論のエッセンスを、その歴史的背景を交えながら解説するという本書のコンセプトは、ダイヤモンド社の横田大樹氏との会話の中から生まれた。同氏の的確な問題意識には、いつも大きな刺激を受けている。編集を担当いただいた柴田むつみ氏にも多くの有益なアドバイスを頂戴した。おかげで、ファイナンス理論から我々が受け取ることができるメッセージ、とりわけ長期的な成功を目指す投資家や、市場業務に関わる実務者の方、「適切なリスクを適切に取る」ことが求められる経営者の方が押さえるべきポイントを、何とかまとめることができたのではないかと思う。両氏にはこの場を借りて、改めて謝意を表したい。

２０１７年12月

【さ】

【た】

『ファイナンス理論全史』索引

【アルファベット】

【あ】

【か】

写真

p22	ファーマ	AP/アフロ
p33	ソープ	ZUMA Press/アフロ
p41	ショールズ	ロイター/アフロ
p50	マーコウィッツ	ZUMA Press/アフロ
p71	ボーグル	AP/アフロ
p73	バフェット	ロイター/アフロ
p92	ウェザーストーン	The New York Times/アフロ
p120	マンデルブロ	akg-images/アフロ
p138	グリーンスパン	ロイター/アフロ
p159	ダイモン	AP/アフロ
p183	カーネマン	AP/アフロ
p206	シラー	ZUMA Press/アフロ
p222	ソロス	AP/アフロ
p228	ドラッケンミラー	ロイター/アフロ
p232	ポールソン	The New York Times/アフロ
p235	テッパー	ロイター/アフロ
p241	メリウェザー	Newscom/アフロ
p248	ケインズ	IMF
p252	シフ	AP/アフロ
p254	シモンズ	AP/アフロ
p257	サミュエルソン	Agencia EFE/アフロ
p268	フライス	Shutterstock/アフロ
p269	ダリオ	Andy Kropa/Invision/AP/アフロ

［著者］
田渕直也（たぶち・なおや）
1963年生まれ。85年一橋大学経済学部卒業。同年、日本長期信用銀行に入行。デリバティブを利用した商品設計、デリバティブのトレーディング、ポートフォリオマネジメント等に従事。英国証券現地法人であるLTCB International Ltdや銀行本体のデリバティブ・ポートフォリオの管理責任者を務める。2000年より、UFJパートナーズ投信（現・三菱UFJ国際投信）にてチーフファンドマネージャーとして、債券運用、新商品開発、フロント・リスク管理、ストラクチャード・プロダクツへの投資などを担当。その後、不動産ファンド運用会社社長、生命保険会社執行役員を経て、現在、金融アナリスト、コンサルタントとして活動。株式会社ミリタス・フィナンシャル・コンサルティング代表取締役。シグマインベストメントスクール学長。著書に、『図解でわかるランダムウォーク＆行動ファイナンス理論のすべて』『入門実践金融デリバティブのすべて』『世界一やさしい金融工学の本です』（共著）『デリバティブのプロが教える金融基礎力養成講座』『確率論的思考』（以上、日本実業出版社）、『カラー図解でわかる金融工学「超」入門』（サイエンス・アイ新書）、『投資と金融にまつわる12の致命的な誤解について』（ダイヤモンド社）など。

ファイナンス理論全史
——儲けの法則と相場の本質

2017年12月13日　第1刷発行
2024年5月30日　第6刷発行

著　者——田渕直也
発行所——ダイヤモンド社
〒150-8409　東京都渋谷区神宮前6-12-17
https://www.diamond.co.jp/
電話／03･5778･7233（編集）　03･5778･7240（販売）

ブックデザイン—廣田清子(office SunRa)
DTP———桜井淳
校正———平川裕子
製作進行——ダイヤモンド・グラフィック社
印刷———堀内印刷所(本文)・新藤慶昌堂(カバー)
製本———ブックアート
編集担当——柴田むつみ

ISBN 978-4-478-10375-3